Karmann Ghia

Reinhard Lintelmann

Karmann Ghia

Bildquellen
Archiv Lintelmann,
Werksarchiv Wilhelm Karmann GmbH,
R. Meinert (© Neill Bruce's Photolibrary),
picture-alliance/dpa: S. 50/51, 60/61

© KOMET Verlag GmbH, Köln
www.komet-verlag.de
Autor: Reinhard Lintelmann
Gesamtherstellung: KOMET Verlag GmbH, Köln
ISBN 978-3-89836-864-3

Inhalt

Einleitung — 8

Karmann Ghia Typ 14 — 12

Die interessantesten Prototypen und Studien — 78

Karmann Ghia Typ 34 — 102

Karmann Ghia do Brasil – exotische Außenseiter — 126

Als Sportwagen in den 1950er-Jahren zunehmend nach PS und Geschwindigkeit definiert wurden, überraschte Karmann mit einer Vernunftlösung der unteren Hubraumklasse: Der Karmann Ghia ist ein Beispiel für gelungenes Design von bestechender Klarheit.

Einleitung

Der Karmann Ghia, ein gelungener Zweisitzer mit sinnlichen Linien, avancierte schnell zum Wohlstands- und Luxussymbol „Made in Germany" – er traf genau den Nerv der Wirtschaftswunder-Bürger.

Unsere Automobilhersteller hatten ihre Hausaufgaben gründlich gemacht: Die Modellpaletten der 1950er- und 60er-Jahre waren gut sortiert und als Alternative zum Grundmodell – der Limousine – führte man gern ein Coupé oder Cabriolet im Programm. Bei Hinguckern vom Schlage eines Mercedes-Benz 300 SL Roadsters oder eines offenen Ferraris hielt sich die Begeisterung dennoch in Grenzen. Man wurde schnell auf den Boden der Tatsachen zurückgeholt, denn die Sehnsucht nach sechs oder mehr Zylindern unter der Haube hatte ihren Preis und setzte ein gut gefülltes Bankkonto voraus. Erschwinglicher, aber für Durchschnittsverdiener nicht weniger reizvoll waren die zahlreichen Roadster und Cabriolets der unteren Hubraumklassen. Das bescheidenere Temperament eines Vierzylinders reichte zum Offenfahren völlig aus, darüber hinaus schonte es im Blick auf die Folgekosten den Geldbeutel.

Südlich der Alpen hatten Alfa Romeos Giulietta Spider, das Fiat 1200 Cabriolet und später der günstige Fiat 850 Spider schnell die Herzen der Cabriofahrer und -fahrerinnen erobert. Auf dem französischen Markt etablierte sich der Peugeot 204, und Renaults Händlerschaft nahm Bestellungen für das Modell Floride entgegen. Während auf den Britischen Inseln kernige Roadster namens Triumph TR 4, Austin Healey Sprite oder MG Midget in erster Linie die Männerwelt begeisterten, liebäugelten Deutschlands potenzielle Kaufinteressenten eher mit einem Auto Union 1000 Sp Roadster, einem Glas 1300/1700 GT Cabrio oder einem NSU Wankel-Spider. Schön waren sie alle. Außerdem führte DKW noch immer den F 12 Roadster im Programm, und die Bayern versuchten mit dem offenen BMW 700 volle Auftragsbücher zu schreiben. Letztendlich aber fiel die Qual der Wahl aus Vernunftgründen doch auf das Käfer Cabriolet von Volkswagen! Der Käfer – egal ob als Limousine oder als Cabriolet – war eben das Maß der automobilen Dinge.

Die Vorteile des ab 1949 bei Karmann in Osnabrück gebauten Käfer Cabriolets liegen klar auf der Hand: Es war zuverlässig, leicht zu warten und dank seines gepolsterten Verdecks für jedes Wetter tauglich. Permanent steigende Verkaufszahlen sagten mehr als tausend Worte und stellten nicht nur Wilhelm Karmann, sondern auch den damaligen VW-Generaldirektor Heinrich Nordhoff voll zufrieden.

Nordhoff, der von dem Käfer Cabrio ursprünglich nur schwer zu überzeugen war, ahnte nicht, dass Karmann bereits von seiner nächsten Vision, einem „schnittigen" Volkswagen, träumte. Während der Käfer voll ins Wirtschaftswunder hineinrollte, nahm Karmann 1953 auf Eigeninitiative mit der italienischen Carrozzeria Ghia SpA Kontakt auf. Luigi Segre, Chef des Turiner Unternehmens und mit Karmann befreundet, erhielt den lukrativen Auftrag, einen „Käfer im Sonntagskleid" zu entwerfen.

Einleitung

Die Szene aus einem frühen Werbeprospekt definiert, was man in den 1950er-Jahren unter Lifestyle verstand. Der Karmann Ghia gehörte dazu – er war das Auto für gut verdienende Damen!

Die erste, auf einem Käfer-Plattformrahmen basierende Konzeptstudie nahm Karmann noch im Herbst 1953 unter die Lupe. Weitere Ideen wurden in Auftrag gegeben und realisiert. Man war zweifelsohne auf dem richtigen Weg, und die Zeit, einen flotten Zweisitzer zu lancieren, schien reif zu sein. Der schwerste Schritt stand Karmann aber noch bevor: Konnte er VW-Chef Nordhoff überzeugen? Er konnte: Karmanns Initiative wurde belohnt – er bekam den Auftrag zur Serienentwicklung.

Das Ergebnis der Arbeit wurde schließlich am 14. Juli 1955 der Fachpresse präsentiert: Im Casino-Hotel in Georgsmarienhütte – nicht weit von den Karmann-Werken entfernt – drehte sich alles um den neuen VW Karmann Ghia. Für viele Journalisten war dieses Coupé eindeutig das Nonplusultra des Automobilbaus. Kaufinteressenten mussten sich allerdings in Geduld üben, die Publikumspremiere feierte der elegante Zweitürer erst im September 1955 auf der Internationalen Automobil-Ausstellung in Frankfurt am Main. Dort zeigte sich ein Wagen in eidechsengrüner Lackierung mit tiefgrün abgesetztem Dach, ein zweites Coupé glänzte in seinem komplett schwarz gehaltenen Outfit.

Design trifft Design: Der Volkswagen mit dem italienischen Namen macht nicht nur auf der Straße eine gute Figur – wie diese zeitgenössische Tankszene vor dem Aral-Hauptgebäude in Bochum belegt.

Karmann Ghia Typ 14

Sechs Jahre nach dem Produktionsstart des Käfer Cabriolets beginnt die Erfolgsstory des Karmann Ghia. Auf der Internationalen Automobil-Ausstellung in Frankfurt am Main präsentieren Wilhelm Karmann und Luigi Segre 1955 dieses eidechsengrüne Coupé, das die Messebesucher in seinen Bann zieht.

Der Käfer im Sonntagskleid

Mit einem nicht enden wollenden Applaus und stehenden Ovationen feierte man am 14. Juli 1955 im Casino-Hotel in Georgsmarienhütte die Präsentation eines neuen Automobils – hier wurde den geladenen Pressevertretern gerade der Volkswagen Karmann Ghia vorgestellt. Die beiden Herren, die den Bühnenvorhang lüfteten, hatten sich ihren Beifall redlich verdient: der eine – Wilhelm Karmann – wegen seines unternehmerischen Fingerspitzengefühls und der andere – Luigi Segre – wegen seines beeindruckenden Talents als Karosseriedesigner.

Bei Karmann in Osnabrück war im Laufe der vergangenen Jahrzehnte mancher interessante Wagen entstanden: Aber das, was man hier zu sehen bekam, war an gelungener Linienführung kaum zu übertreffen. Das schicke Coupé besaß einen unverwechselbar italienischen Einschlag, war jedoch genau genommen nichts anderes als ein Volkswagen mit neuem Gesicht – ein Käfer im Sonntagskleid eben!

Insgeheim hatten die Journalisten mit dem Debüt eines zweisitzigen Cabriolets gerechnet. Die Vermutung lag nahe, weil bei Karmann seit Längerem das viersitzige VW Käfer Cabriolet vom Band lief. Außerdem führte man ein ebenfalls viersitziges DKW-Cabriolet im Programm. Den Erwartungen zum Trotz entschied sich Karmann diesmal für ein Coupé. Zugegeben: Auch Wilhelm Karmann favorisierte ursprünglich einen offenen Wagen. Luigi Segre aber riet aus guten Gründen davon ab: Er wollte zunächst die geschlossene Version realisieren, weil sich ein geschlossener Karosseriekörper erfahrungsgemäß leichter in ein Cabrio verwandeln lässt als umgekehrt. Das leuchtete ein, und im Hinblick auf eine etwaig später zu realisierende Offenversion hatte Segre gute Vorarbeit geleistet: Der Dachaufbau des Coupés ähnelte einer filigranen Glaskanzel mit vier schmalen Ecksäulen, und mit ein wenig Fantasie konnte man von dieser Linienführung bereits die Silhouette eines Cabriolets ableiten – mit geschlossenem Verdeck zumindest.

Anders als beim VW Käfer handelt es sich beim Karmann Ghia vom Grundkonzept her um einen reinen Zweisitzer mit hinterer Notsitzbank. Auch wenn auf den ersten Blick alles recht einfach schien, musste das Käfer-Chassis, das hier die Basis bildete, noch einmal überarbeitet werden: Der ursprünglich für eine mit Trittbrettern versehene Karosserie konzipierte Käfer-Unterbau musste an beiden Seiten um etwa 8 cm verbreitert werden, um die relativ füllige Ghia-Karosserie tragen zu können. Doch das war nur eine Kleinigkeit: Der stabile Plattformrahmen mit Mittelträger, hinterer Pendelachse und Torsionsstabfederung hatte sich als geeigneter Träger von Sonderkarosserien schon in der

Der Käfer im Sonntagskleid

Seine Premiere als Cabriolet feierte der Karmann Ghia 1957 auf der Frankfurter Internationalen Automobil-Ausstellung. Die Konstruktion des Verdecks fügt sich geschlossen wie offen perfekt in die Linienführung ein.

Dass der Karmann Ghia nicht nur für Volkswagen, sondern auch in der Geschichte des Automobils zum Meilenstein geriet, hat er neben dem gelungenen Design vor allem seiner wirtschaftlichen Großserientechnik zu verdanken.

Vergangenheit oft bewährt – Karosseriers wie Beutler, Rometsch oder Hebmüller hatten ihn früher für ihre in Kleinserie entstandenen Spezialcoupés und -cabriolets genutzt. Der einzige Schönheitsfehler, den der Kunstgriff der Verbreiterung hinterließ, war die etwas ungünstige Position der Pedale: Bremse und Kupplung lagen ohnehin schon ziemlich dicht beieinander, und dadurch, dass sie im Vergleich zu Sitz und Lenkrad nicht weiter nach links wanderten, verstärkte sich dieses Manko ungewollt.

Als der Karmann Ghia 1955 in Produktion ging, hatte die Käfer-Limousine als Grundmodell des Volkswagen-Konzerns bereits einige Verbesserungen erfahren. Das meistgefragte Auto der Zeit war der Bestseller schlechthin, und alles sprach dafür, dass es dem neuen Zweisitzer nicht anders ergehen sollte. Sein bereits 1953 kreiertes „Modellkleid" nötigte selbst den Amerikanern Hochachtung ab. „Wenn es ums Aussehen geht", urteilte im April 1956 das US-Fachblatt „Road & Track" über das von den Amerikanern „Ghia-Karmann Volkswagen" oder kurz „VW-GK" getaufte Coupé, „gibt es keinen Zweifel, dass er ein Volltreffer ist."

Ein Plattformrahmen mit hinten gegabeltem Mittelträger, einer hinteren Pendelachse mit Längslenkern und Quertorsionsstabfedern – diese ungewöhnlich einfache Basis war nicht nur für den VW Käfer, sondern auch für den Karmann Ghia das Maß der Dinge.

Anders interpretiert kam der Karmann Ghia gerade zur rechten Zeit. Er traf genau den Nerv der Wirtschaftswunder-Generation. „Elegante Welt" oder ähnlich hießen damals gern gelesene Rubriken in vielen Illustrierten. Sie beschrieben die heutzutage als Lifestyle bezeichnete Lebensart mit ihrer Sehnsucht nach Ferne und Luxus. Der Karmann Ghia passte durchaus in dieses Bild – und er war keine Illusion. Er blieb dank seiner Großserientechnik relativ erschwinglich und stand dennoch für unerreichbare Traumwelten: Filmstars zeigten sich in ihm ebenso wie Schlagersänger, Fabrikanten-Gattinnen oder auch ganz gewöhnliche Menschen. In diesem Punkt glich das Coupé dem Käfer: Wie dieser erlaubte auch der Karmann Ghia keinen allzu tiefen Einblick ins Portemonnaie.

Für September 1957, das Karmann Ghia Coupé hatte sich mittlerweile gut etabliert, notierten die Fachjournalisten einen weiteren in der VW-Geschichte bedeutenden Termin: Auf der Internationalen Automobil-Ausstellung in Frankfurt am Main sollte das Karmann Ghia

Cabriolet präsentiert werden. Darauf hatten passionierte Frischluftgenießer schon lange gewartet. Gemessen am Coupé war das mit einem perfekt sitzenden Verdeck ausgestattete Cabriolet etwa zehn Prozent teurer als die geschlossene Variante – der Einstiegspreis lag bei 7.635 DM. Ernsthafte Interessenten wussten natürlich, dass man von diesem noch sportlicher aussehenden Modell weder extreme Fahreigenschaften noch außergewöhnliche Fahrleistungen erwarten durfte. Der Karmann Ghia war nach wie vor ein auf Durchschnittsbedürfnisse zugeschnittener Wagen, der lediglich die Genugtuung bot, ein Automobil individueller Eleganz zu besitzen.

Analog zur technischen Evolution des Käfers profitierten die Zweisitzermodelle ab 1960 vom Leistungszuwachs um 4 PS auf 34 PS und seit 1965 vom 40 PS starken 1,3-Liter-Boxermotor. Die von Haus aus leicht gedrosselten Aggregate waren für ein zügiges Vorwärtskommen – an damaligen Verhältnissen gemessen – bestens geeignet. Hinzu kam die Tatsache, dass der Karmann Ghia trotz seines Gewichts eine höhere Endgeschwindigkeit als der Käfer erreichte. Seine zusätzlichen 100 Kilogramm wurden dank der strömungsgünstigeren Karosserie und der relativ kleinen Stirnfläche völlig kompensiert. Die Mehrzahl aller Karmann-Ghia-Besitzer empfand die Werte für

Die Vorderradaufhängung mit zwei Kurbellängslenkern und gebündelten Quertorsionsstabfedern gab – von kleinen Verbesserungen im Rahmen der Modellpflege abgesehen – lange Zeit keinen Anlass für gravierende Veränderungen.

Beschleunigung, Elastizität und Höchstgeschwindigkeit als akzeptabel. Einige wenige, die dem Wagen unbedingt höhere Fahrleistungen abverlangen wollten, griffen gelegentlich auf ein gebrauchtes Porsche-Aggregat zurück. Einen Gefallen taten sie sich damit jedoch nicht: Denn damit war der Wagen in Bezug auf sein Fahrverhalten und die Leistungsfähigkeit der Bremsen völlig überfordert.

Eine bessere Lösung, den frühen Karmann-Ghia-Modellen leistungsmäßig auf die Sprünge zu helfen, war die Verwendung einer Ein- oder Zweivergaseranlage. Das Ingenieurbüro Oettinger in Friedrichsdorf im Taunus vertrieb mit seinen speziell auf Volkswagen-Motoren abgestimmten „Okrasa-Anlagen" Tuning-Sets, die den Wünschen vieler Volkswagen-Besitzer entsprachen. Schon die Einvergaseranlage brachte durch die Verwendung spezieller Zylinderköpfe, größerer Ansaugventile und eines erweiterten Ansaugrohrs dem Karmann Ghia ein Plus an Agilität ein – die Leistungsabgabe lag bei 38 PS. 40 PS bis 42 PS ermöglichte die Zweivergaseranlage. Sie umfasste zwei

Der kostengünstig in Großserie gefertigte Plattformrahmen des Käfers überzeugte neben Karmann auch andere in- und ausländische Karosseriebauer: Dank des hohen Qualitätsniveaus avancierte er für den Bau von Sonderkarosserien schnell zum Standard.

Die Kraftübertragung vom Motor zu dem vor der Hinterachse liegenden Vierganggetriebe erfolgte standardmäßig über eine Einscheiben-Trockenkupplung. Ab 1960 war optional gegen Aufpreis eine automatische Kupplung, der sogenannte Saxomat, lieferbar.

Leichtmetall-Zylinderköpfe, zwei Solex-Fallstromvergaser, zwei Nassluft-Ansaugfilter, einen Ölfeinstfilter, ein zentral gesteuertes Vergasergestänge, die vertikalen Ansaugrohre nebst Ausgleichsrohr und alle zum Umbau erforderlichen Kraftstoff- und Ölleitungen.

So aufgepeppt erreichte der Karmann Ghia anstelle bescheidener 120 km/h eine Höchstgeschwindigkeit von etwa 138 km/h. Anders interpretiert konnte es der Zweisitzer aus Osnabrück in Bezug auf die Beschleunigung nun locker mit einem Borgward Isabella Coupé aufnehmen. Da Oettinger bei diesen Tuningmaßnahmen nicht in höhere Drehzahlbereiche vorstieß – man machte sich lediglich die von VW bewusst durchgeführte Drosselung der Ansaugwege zunutze –, lief der Boxermotor bei 100 km/h nach wie vor mit 3.120 U/min. Allerdings musste man sich darüber im Klaren sein, dass ein entfesseltes Aggregat von Natur aus nicht ähnlich hohe Laufleistungen wie bei einer 30-PS-Maschine zu erwarten hatte. Knapp 750 DM wurden für das Motortuning fällig – ein Betrag, den viele Besitzer gern investierten.

Seite 17: Als der Karmann Ghia (Typ 14) in Serie ging, stand ihm nur der 1,2 Liter große luftgekühlte Boxermotor mit 30 PS Leistungsabgabe zur Verfügung. Ab 1970, der letzten Typ-14-Entwicklungsstufe, gab der auf 1.584 ccm angewachsene Motor eine Leistung von 50 PS ab.

Für die Fachredakteure der Motorpresse waren die Karmann-Ghia-Modelle stets willkommene Testkandidaten. Ihre Kritik hielt sich auch dann noch in einem respektablen Rahmen, als das Design des Karmann ein wenig in die Jahre gekommen war. Von dem sah man beim Fahren eh nicht viel, und im Vergleich zum Käfer machte der Zweisitzer mit der niedrigen Sitzposition und der tiefen Schwerpunktlage enorm viel Spaß. Man musste auch bedenken, dass die Herstellung der Zweisitzerkarosserie nicht ganz einfach war. Sie erforderte Genauigkeit und Akribie: So wurden die Vorderkotflügel nicht aus einem Stück Blech gezogen, sondern aus mehreren Teilen zusammengeschweißt.

Das den frühen Baumustern angekreidete Problem mangelnder Innenbelüftung hatte man mittlerweile gelöst: Dank hinterer Ausstellfenster gehörten stark beschlagene Scheiben schnell der Vergangenheit an. Einer der wenigen Kritikpunkte aber blieb die nicht sehr exakt arbeitende Lenkung und die Neigung zum Übersteuern. Trotzdem hatte der Karmann Ghia aufgrund seiner anderen Gewichtsverteilung und des Einbaus eines Stabilisators dem Käfer gegenüber angenehmere Fahreigenschaften.

Der permanenten Verbesserung der Bremsanlage wurde viel Aufmerksamkeit gewidmet: In seiner Standardausführung musste sich der Volkswagen bis 1963 mit einer mechanischen Fußbremse zufriedengeben – erst dann wurde sie durch das hydraulische Bremssystem abgelöst.

Ein gegen Aufpreis lieferbares halbautomatisches Getriebe, Saxomat genannt, erwies sich in Verbindung mit dem Boxermotor des Volkswagens als nicht ganz befriedigende Lösung. Das äußerlich sichtbare Merkmal des Saxomaten ist das fehlende Kupplungspedal: Berührt man den Schalthebel eines mit Saxomat ausgestatteten Karmann Ghia, wird mittels eines elektrischen Kontaktes ein Steuerventil betätigt, das einer Membran-Dose – dem sogenannten Servo-Motor – Unterdruck zuführt: Die Kupplung wird getrennt und der Schaltvorgang eingeleitet. Große Begeisterung löste die Halbautomatik nicht aus, denn die meisten Karmann-Ghia-Besitzer wollten ihren Wagen lieber schnell, sportlich und von Hand schalten.

Dass der Karmann Ghia zu einem über lange Zeit gebauten Bestseller avancieren würde, ahnten seine „Väter" bei seiner Präsentation noch nicht. Er verband wie keiner seiner hauptsächlich ausländischen Mitbewerber Vernunft mit einer mutigen Portion Extravaganz. In seiner Position als „Milestone-Car" darf er sich rühmen, das erste in Großserie gebaute Automobil Europas zu sein, das modernes Design mit konventioneller Technik verknüpfte. Und das zu einem realistischen Preis. Gerade deswegen blieb der Karmann Ghia ein typischer Volkswagen, der in seiner knapp zwanzigjährigen Karriere über 400.000 Käufer fand.

1949 entdeckte man mit dem ersten Käfer Cabriolet die Fahrfreude unter freiem Himmel. Der Käfer, egal ob offen oder geschlossen, war zur Zeit des Wirtschaftswunders das Maß aller automobilen Dinge – und so war es die richtige Entscheidung, seine solide Technik als Basis für den Karmann Ghia zu wählen.

Modellpflege

1955

Als Volkswagen am 14. Juli 1955 das Karmann Ghia Coupé (es läuft intern unter dem Kürzel Typ 143) den Pressevertretern vorstellt, ist sein Listenpreis mit 7.500 DM festgelegt. Der im Heck platzierte Vierzylindermotor verfügt über eine Leistungsabgabe von 30 PS – daran soll sich bis 1960 nichts ändern. Ein Außenspiegel (erst 1956 gesetzlich vorgeschrieben) sowie die in den 1950er-Jahren beliebten Weißwandreifen gehören allerdings nicht zur Serienausstattung. Außerdem lassen sich die Sitzlehnen weder verstellen noch arretieren. Auf Armlehnen an der Türverkleidung müssen Karmann-Ghia-Käufer ebenfalls verzichten, dafür werten drei schmale Zierleisten die Türabdeckung ein wenig auf. Die in Wagenfarbe lackierte Armaturentafel ist ungepolstert. Um größere Gepäckstücke verstauen zu können, lässt sich die hintere Notsitzbank umlegen. Der neue Ghia verfügt über moderne kleine Rundscheinwerfer und kleine eckige Rückleuchten – ihre Form wird im Rahmen der Modellpflege regelmäßig verändert und erlaubt dem geübten Experten übrigens eine grobe Einordnung der Modelljahrgänge. Zu den kleinen, bereits kurz nach Serienanlauf vorgenommenen Modifikationen gehört der Einbau eines Türschlosses auf der Beifahrerseite. Ende 1955 wird auf der Motorhaube der charakteristische Karmann-Ghia-Schriftzug montiert.

1957

Wichtigstes Ereignis des Jahres ist das Debüt des Karmann Ghia Cabriolets auf der Internationalen Automobil-Ausstellung in Frankfurt am Main am 19. September 1957. Es wird hausintern unter dem Kürzel

Der Karmann Ghia nimmt Gestalt an: Dieser bereits sehr seriennahe Prototyp von 1953 unterscheidet sich nur noch in wenigen Details wie den fehlenden „Nasenlöchern" vom späteren Produktionsmodell.

Zu viel des Guten: Die Anordnung der charakteristischen Kühlluftschlitze auf der Motorhaube des Prototypen war gewöhnungsbedürftig – das Serienmodell profitierte von einer eleganteren Lösung.

Typ 141 geführt und läuft ab dem 1. November vom Band. Preis: 8.250 DM. Der offene Zweisitzer ist in den Farben Tukanschwarz, Perlweiß, Diamantgrau, Colorado, Amazonas, Graphitsilber und Bernina zu haben – das Verdeck wird in Schwarz, Hellgrau, Braun, Beige, Hellgrün, Hellblau und Blau hergestellt. Zwei kleine, unter der Instrumententafel platzierte Hebel regeln nun die Frischbelüftung – die bisherigen Drehknöpfe entfallen. Anstelle eines konventionellen Hupenknopfes in der Lenkradmitte weist das Zweispeichen-Lenkrad einen „Signalhalbring" auf. Zwecks Geräuschdämpfung schirmen 12 mm dicke Glaswollmatten und Dämpfungspappen die Motorraumrückwand von der Fahrgastzelle ab, außerdem werden die hinteren Radkästen mit einem imprägnierten Filzbelag als Schallschluckauflage ausgeschlagen. Zum Erhöhen des Komforts können die Sitze per Verstellnocken in drei Positionen arretiert werden. Eine in der Instrumententafel zwischen Tachometer und Zeituhr platzierte Tankanzeige gibt die Füllmenge des Kraftstoffbehälters an – am konventionellen Reservehahn hält man weiterhin fest. Der Blinkerschalter ist mit

Seite 22: Das bereits 1953 zu Papier gebrachte Modellkleid des Karmann Ghia nötigte selbst den Amerikanern Hochachtung ab. „Wenn es ums Aussehen geht", urteilte das US-Fachblatt „Road & Track", „gibt es keinen Zweifel, dass der Karmann ein Volltreffer ist."

Unbequem, aber praktisch: Heruntergeklappt vergrößert der hintere Notsitz das Stauvolumen – auf der ebenen Ladefläche lässt sich weiteres Gepäck unterbringen.

einer automatischen Rückstellung gekoppelt und wird mit der Lichthupe kombiniert. Die bis dato an allen Volkswagen-Modellen verwendete „Gasrolle" wird durch ein konventionelles Gaspedal ersetzt.

1958

Die vorderen und hinteren Stoßfänger erhalten auf Wunsch einen Rammschutz – für den Export in die USA bereits serienmäßig. Für die Kofferraumauskleidung wird anstelle von Noppenteppich Velours verwendet.

1959

Zu Beginn des neuen Modelljahrs im August erhalten Coupé und Cabrio größere, leicht nach oben versetzte Scheinwerfer. Dadurch verändern sich die Kotflügelausschnitte und geben den vorderen Kotflügeln neue Konturen. Die vorderen Lufteinlassöffnungen („Nasenlöcher" genannt) werden vergrößert und mit zusätzlichen Chromzierleisten bestückt. Das modifizierte Schlusslicht wird als moderne Dreikammer-

Seite 26: Luigi Segre, Eigentümer des Hauses Ghia, traf mit dieser Version seiner zahlreichen Designvorschläge für das Käferfahrgestell exakt den Geschmack von Wilhelm Karmann und Volkswagen-Generaldirektor Heinrich Nordhoff.

Karmann Ghia Typ 14

Modellpflege

Dezenter Hinweis: Die Carrozzeria Ghia SpA spezialisierte sich als Designbüro vor allem auf den Entwurf und die Entwicklung von Prototypen und Studien. Das Unternehmen wurde 1921 in Turin gegründet.

leuchte ausgeführt und beinhaltet Blink-, Brems- und Schlusslicht in einem Gehäuse. Zwecks besserer Luftzirkulation lassen sich die hinteren Seitenfenster im Coupé ausstellen.

In Bezug auf die Insassensicherheit profitiert das Armaturenbrett von einer Kunststoffabdeckung mit einer gepolsterten Kante und einem flexiblen Haltegriff für den Beifahrer. Die bisher aus transparentem Kunststoff gefertigten Sonnenblenden werden durch eine gepolsterte Ausführung ersetzt. Scheibenwaschanlage und Lichthupe gehören nun zur Serienausstattung. Dank der Modifikation des Verdecks lässt sich die Rückwandbahn nebst ihrem Kunststofffenster leichter austauschen. Zur Erhöhung des Fahrkomforts wird die Form der Vordersitze überarbeitet, die Vordersitz-Rückenlehnen werden leicht gewölbt, an der Fahrertür wird eine Armlehne angebracht und auf der Beifahrerseite eine schräge Fußablage installiert. Anstelle der fünfteiligen Fußbodenbeläge gibt es nur noch eine praktische zweiteilige Ausführung. Zur Verbesserung der Geräuschdämpfung wird der komplette Rahmenboden mit einer Bitumen-Filzauflage beklebt – die Radkästen, der Kofferraumboden und der Bereich um das Rückfenster werden ebenfalls mit dickeren Dämpfungsmaterialien ausgestattet. Die

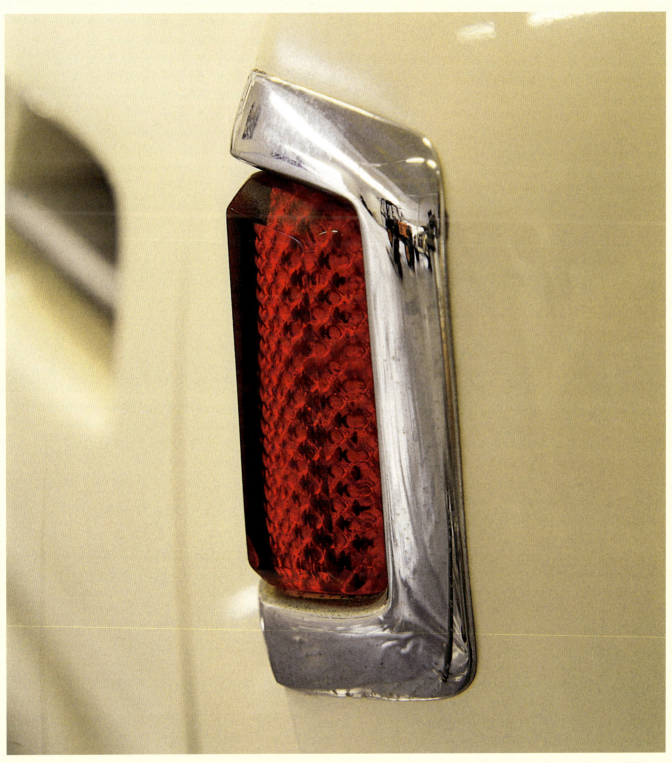

Sparsam beleuchtet: Kleine, in die Kotflügel integrierte Heckleuchten charakterisieren die Vorserien- und frühen Produktionsmodelle des Karmann Ghia. Von modernen Dreikammer-Rückleuchten profitiert der Wagen im Rahmen der Modellpflege erst in den späten 1960er-Jahren.

Seite 30: Karmann arbeitete bereits in den 1930er-Jahren erfolgreich für die Automobilindustrie. Da man – wie Ghia in Turin – an keinen Hersteller exklusiv gebunden war, konnte das Unternehmen für viele Hersteller interessante Sonderaufbauten – allen voran das VW Käfer Cabriolet – entwickeln.

Modellpflege

Das in Wagenfarbe lackierte Armaturenbrett im Prototypen entsprach 1953 durchaus dem Zeitgeschmack. Für angemessenen Sitzkomfort favorisierte Luigi Segre üppig gepolsterte Einzelsitze in echtem Leder.

Der Karmann Ghia, dessen Serienproduktion 1955 anläuft, basiert auf dem leicht veränderten Fahrgestell des Käfers (Exportmodell Typ 1) und dem entsprechend luftgekühlten Motor mit 1.192 ccm Hubraum mit damals 30 PS.

Farbpalette wird aktualisiert und besteht aus Jadegrün, Saragossagrün, Schieferblau, Felsgrau und Paprika. Weiterhin gültig bleiben die Lackierungen Schwarz und Alabaster. Auf Wunsch kann der Karmann Ghia gegen Aufpreis mit einem Autoradio nebst passender Einbaublende aus dem VW-Programm ausgestattet werden.

1960

Um dem Wunsch nach mehr Agilität gerecht zu werden, wird die Motorleistung analog dem VW-Käfer von 30 PS auf 34 PS angehoben – der Hubraum (1.192 ccm) bleibt unverändert.
Gesetzliche Vorschriften untersagen endgültig den Gebrauch weißer Blinkergläser, die vorderen Blinkleuchten erhalten orangefarbene Gläser. Der Außenspiegel (nun ohne Kunststoffeinfassung) ermöglicht ein größeres Blickfeld. In den Hohlraum der Verdecksäume entlang am Dachrahmen werden aus Stabilitätsgründen Drahtseile eingearbeitet. Weitere technische Neuheiten sind das asymmetrische Abblendlicht und das vollsynchronisierte Getriebe.

1961

Der Vorläufer moderner Diebstahlsicherungen, ein Getriebeschaltschloss (auch „Sperrwolf" genannt), wird am Schalthebel eingebaut: Der Zündschlüssel kann erst nach Einlegen des Rückwärtsganges abgezogen werden. Die bisherige Spindellenkung wird auf Rollenlenkung umgestellt. Für den europäischen Markt

Modellpflege

Das flotte Volkswagen Coupé aus Osnabrück wird aus dem Stand heraus ein Bestseller – Karmann und Volkswagen setzen damit die Allianz, die sich beim Bau des Käfer Cabriolets bestens bewährt hat, mit einem zweiten Modell fort.

ist auf Wunsch eine Anlasswiederholsperre lieferbar. Das auf den Radkappen eingeprägte VW-Emblem wird nicht mehr farblich ausgelegt, es erscheint nur noch als einfache Chromprägung.

1963

Die Türen können mithilfe der neuartigen Selbstverriegelung durch Eindrücken des Türknopfes beim Schließen abgeschlossen werden. Die Karmann-Ghia-Modelle erhalten einen neuen Türinnengriff (identisch mit VW 1500 Typ 3), die vorderen Blinkleuchten stammen ebenfalls vom VW 1500. Der für das VW-Lenkrad bis dato typische Hupenhalbring muss aus Sicherheitsgründen entfallen, dafür verbleiben die Kontaktspeichen des Halbringes in leicht geänderter Form als Drucktasten. Zugunsten größerer Stabilität wird die mittlere Sicke des Motorraumdeckels modifiziert.

1964

Bei dem leicht aufgewerteten Interieur wird die vordere Innenleuchte an den oberen Rahmen der Windschutzscheibe in den Fuß des Innenspiegels verlegt. Anstelle eines unhandlichen Drehgriffes wird die Heizung nun schnell und bequem mittels zweier Schwenkhebel bedient; diese sind auf dem Rahmen-

Seite 36: Trotz des stetigen Wandels im Automobildesign bewährte sich die klare und funktionale Linie des Karmann Ghia. Bis zu seinem Produktionsende im Juli 1974 wurde er in nahezu unveränderter Form gebaut.

Modellpflege

tunnel zwischen den Vordersitzen angebracht. Eine Modifikation, die sämtliche VW-Modelle betrifft, ist die Änderung der Fahrgestellnummer: Die beiden ersten Ziffern nehmen Bezug auf den Typ (für Karmann Ghia die 14), während die folgende Ziffer das Modelljahr angibt, beginnend mit einer „5" für das Modelljahr 1965. Der Wechsel des Modelljahrs wird für alle Wagen des VW-Konzerns von August auf Juli eines jeden Jahres vorverlegt. Für die Lackierung ihres Karmann Ghia können Kunden zwischen den Tönen Bermuda, Seesand, Rauchgrau, Kirschrot, Hennarot, Roulettegrün, Arconaweiß, Seeblau und Manilagelb wählen. Die Felgen für das Cabriolet und das Coupé werden aus produktionstechnischen Gründen nur noch einheitlich in Schwarz lackiert und anstelle von Radzierringen mit Radzierdeckeln aus poliertem Aluminium bestückt.

1965

Zeiten, in denen der Karmann Ghia nur eine Spitze von 115 km/h oder 120 km/h erreicht, gehören der Vergangenheit an: Der Einbau des 1,3-Liter-Aggregats mit 40 PS (1.285 ccm Hubraum) macht den Zweisitzer 128 km/h schnell und verbessert darüber hinaus erheblich sein Drehmoment. Zu den weiteren Modifikationen unter der Motorhaube zählt die Verwendung eines neuen Luftfilters, der rechts vom Motor auf einer Konsole platziert und mit zwei Schnellverschlüssen befestigt ist. Die Fahrzeugbatterie wird auf die rechte Motorseite verlegt. Nach außen hin sichtbar weisen die Modelle den Schriftzug „1300" auf. An der neu entwickelten, fast wartungsfreien Vorderachse (nur noch vier Schmiernippel) entfallen die Bundbolzen – ihre Aufgabe wird von Traggelenken übernommen. Außerdem wird die Spur der Hinterachse leicht verbreitert. Zu den optischen Retuschen

Die anfangs relativ kleinen Rundscheinwerfer werden im Rahmen der Modellpflege vergrößert und ab 1959 weiter nach oben verlegt – dieser Schritt erfordert eine leichte Überarbeitung der vorderen Kotflügel.

Viel Stauraum für Gepäck gibt es nicht: Den Platz unter der vorderen Haube teilen sich bereits das Reserverad und der Tank. Trotz der serienmäßigen Tankuhr wird auf den Reservehahn nicht verzichtet.

dieses Jahrgangs zählt die Neupositionierung des Außenspiegels: Er wird nicht mehr auf dem Kotflügel, sondern mittels eines Sicherheitsgelenkes an der Tür montiert. Das Armaturenbrett werten die Designer mit einer breiten, durch Rillen gegliederten Chromzierleiste auf – die Schalter für Scheibenwischer und Licht werden auf die Seite links des Geschwindigkeitsmessers versetzt. Der Kunststoff-Dachhimmel für das Coupé sowie das Verdeck für das Cabriolet bestehen nun aus PVC, die Sonnenblende wird mit einem Make-up-Spiegel aufgewertet.

1966

Käufer des 1966er-Jahrgangs können sich freuen: Der Ghia profitiert mittlerweile von einem 44 PS starken 1,5-Liter-Motor. Das reicht für eine Höchstgeschwindigkeit von 132 km/h. Dem Leistungszuwachs angemessen stattet Volkswagen den Zweisitzer mit einer modernen Zweikreisbremsanlage aus (vorn Scheiben-, hinten Trommelbremsen; bisher: hydraulische Trom-

Seite 41: Zum Modelljahrgang 1959 erfolgt eine Überarbeitung der vorderen Einzelsitze. Leicht gewölbte Rückenlehnen tragen zur Verbesserung des Sitzkomforts bei, darüber hinaus wird an der Verkleidung der Fahrertür eine Armlehne montiert.

Karmann Ghia Typ 14

Ein gut abgestimmtes Vierganggetriebe (zunächst nur im zweiten, dritten und vierten Gang synchronisiert) bringt bis 1960 bescheidene 30 Pferdestärken an die Hinterachse. Von 1960 bis 1965 beträgt die Leistungsabgabe bei unverändertem Hubraum (1.192 ccm) 34 PS.

Rechts: Luftgekühlte Heckmotormodelle führten den Volkswagen-Konzern zum Erfolg – Ende der 1960er-Jahre war die hier gezeigte Technologie bereits ausgereizt. Eine neue, wassergekühlte Motorengeneration löste in den 1970er-Jahren (VW Golf, Scirocco) das veraltete Konzept ab.

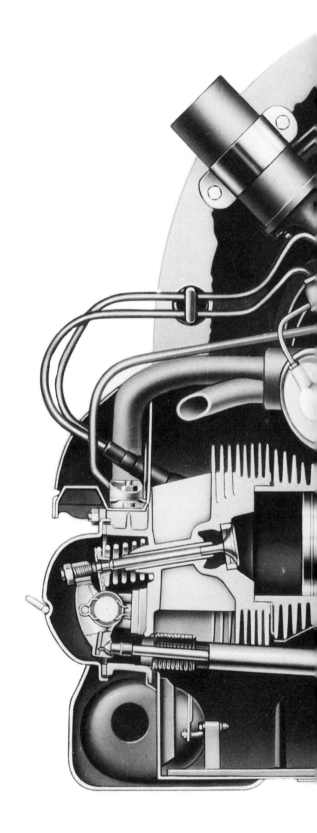

melbremsen vorn und hinten). Bei dem modernisierten Auto entfällt ebenfalls das veraltete Schaltschloss: Es wird durch ein Lenk-Zündanlassschloss ersetzt, was allerdings eine Modifikation des Armaturenbretts erforderlich macht (unter anderem abgeflachte, flexible Schalterknöpfe). Dominiert wird die mit einer teakholzgemaserten Furnierfolie (PVC) überzogene Armaturentafel nun von einem großen Kombiinstrument – die bisher verwendeten klassischen Rundinstrumente gehören der Vergangenheit an. Zwei kleinere Instru-

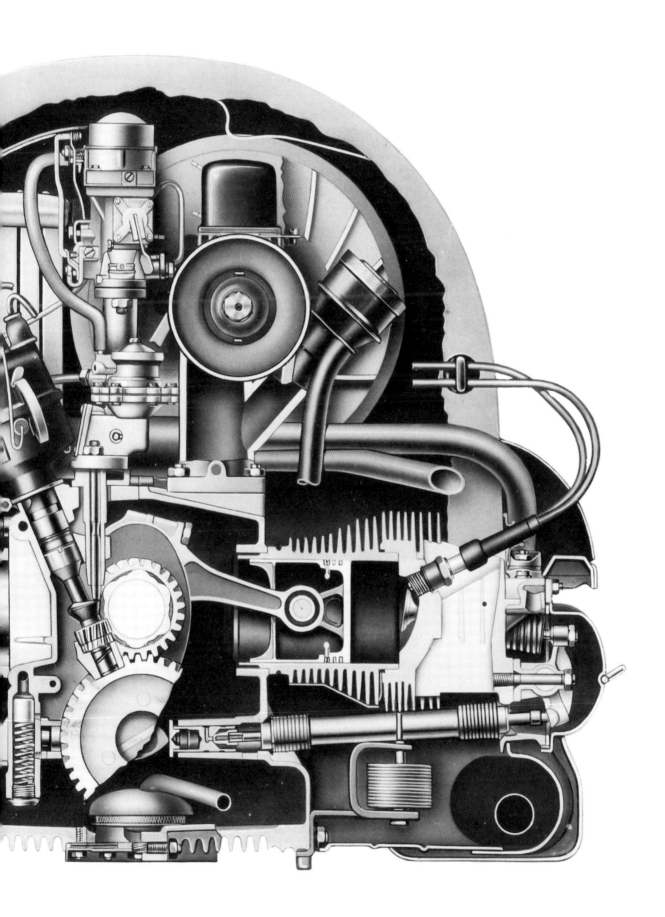

Karmann Ghia Typ 14

Stauraum ist im Karmann Ghia Mangelware: Das Kofferraumvolumen wird bereits vom Tank geschmälert. Um größere Gepäckstücke bequem verstauen zu können, lässt sich die hintere Notsitzbank mit wenigen Handgriffen umlegen.

Seite 44: Weil der Karmann Ghia alles andere als ein Familienwagen ist und laut Statistik hauptsächlich allein oder zu zweit genutzt wird, kann – nicht nur aus Platzgründen – auf eine bequeme Rücksitzbank guten Gewissens verzichtet werden.

Modellpflege

Schalttafel und Lenkrad wurden im Rahmen der Modellpflege regelmäßig aufgewertet: Ab 1959 profitiert das Armaturenbrett von einer Kunststoffabdeckung nebst einer weich gepolsterten Kante sowie einem flexiblen Haltegriff für den Beifahrer.

Karmann Ghia Typ 14

Die Vorzüge des Vierzylinder-Boxermotors von Volkswagen liegen auf der Hand: Er ist luftgekühlt, automatisch temperaturgeregelt und unempfindlich. Dank seiner Drosselung ist das schnell aus- und einbaubare Aggregat gut belastbar.

Modellpflege

Der Volksmund bezeichnete den Karmann Ghia spöttisch als „Hausfrauen-Porsche". Die Fachpresse sah das anders. Für sie war der „kleine Bruder des VW Käfers" ein „Volkswagen im Sonntagskleid", den man sich gern (soweit möglich!) als Zweitwagen leistete.

Seite 50: Kein anderes Konsumgut erlangte zur Zeit des westdeutschen Wirtschaftswunders einen so hohen Stellenwert wie das Auto. Tankstellen hatten Hochkonjunktur, denn man ließ „des Deutschen liebsten Kinds" viel Pflege angedeihen – und der Tankwart, der immer Rat wusste, bediente noch persönlich.

Karmann Ghia Typ 14

Modellpflege

Ab September 1957 wurde dem Karmann Ghia Coupé die Cabriolet-Version zur Seite gestellt. Analog zur technischen Evolution des Käfers profitierten beide Modelle vom permanenten Leistungszuwachs und allen im Rahmen der Modellpflege durchgeführten Verbesserungen.

mente (Tankanzeige und Zeituhr) sowie eine Zierleiste aus verchromtem Kunststoff lockern die Strenge des Armaturenbretts ein wenig auf. Ebenfalls neu für diese Generation ist die Einführung des sogenannten „Einschlüsselsystems" für Tür- und Lenk-Zündschloss. Die Scheibenwaschanlage ist ab 1966 in zwei Geschwindigkeitsstufen regelbar, und der Schalter für den Scheibenwischermotor wird nicht mehr gezogen, sondern gedreht. Zur Verbesserung der Insassensicherheit erhalten die Vordersitzlehnen eine Lehnenverriegelung.

1967
Bequemes und sauberes Tanken ist endlich möglich, denn die bis dato unter der vorderen Kofferraumhaube verborgene Tankklappe nimmt nun eine Außenposition auf dem rechten Kotflügel ein. Im Rahmen ersten Sicherheitsdenkens wurde das Armaturenbrett mit Sicherheitsdrehknöpfen mit Bedienungssymbolen bestückt, außerdem gibt es einen Sicherheitsinnenspiegel und Befestigungsmöglichkeiten für Dreipunkt-Sicherheitsgurte. Gegen 465 DM Aufpreis liefert VW den Karmann Ghia ab September auch mit einem halbautomatischen Getriebe (in Verbindung mit der Doppelgelenk-Hinterachse) aus. Die Batterieanlage wird auf 12 Volt Spannung (36 Ah) umgestellt (bisher: 6 Volt/66Ah). Die ab 1957 rot eingefärbten Heckleuchten zeigen sich 1967 wieder in Orange. Außerdem gibt es eine neuartige Verriegelung für die Hintersitzlehne und ein stabileres Schloss für die Fronthaube.

1968
Dank der leicht zur Mitte hin verlegten Sitzposition hat der Fahrer nicht nur die Bedienungselemente besser im Blick, diese Auslegung gewährt vor allem auch eine bessere Sicht durch das bei Regen leicht eingeschränkte Wischerblickfeld. Neu am Scheibenwischermotor ist der Schneckenradantrieb, er löst den bisher verwendeten Stirnradantrieb ab. Die Sonnenblende vor dem Beifahrersitz wird mit einem Make-up-Spiegel aufgewertet. Eine Formänderung der Sitzfläche und Rückenlehne erhöht den Komfort der hinteren, von den meisten Karmann-Besitzern aber eigentlich nie genutzten Sitzbank. Sie halten die am hinteren Motorraumabdeckblech eingebauten Wasserablauf-

ventile für sinnvoller, ebenso den im Handschuhkasten eingebauten Zughebel zum Entriegeln der Fronthaube. In Verbindung mit einem gegen Aufpreis lieferbaren abschließbaren Drehknopf für den Handschuhkastendeckel ist der Gepäckraum perfekt gegen fremden Zugriff gesichert. Alle Karmann-Ghia-Modelle werden ab 1968 übrigens serienmäßig mit einer Warnblinkanlage und größeren Scheibenrädern (Felgengröße: 4,5J x 15; bisher: 4J x 15) ausgestattet. Die aktuelle Farbpalette basiert auf Zypressengrün, Togaweiß, Pirolgelb, Sunset, Chromblau, Savannabeige, Königsrot und Chinchilla. Nicht mehr im Programm sind die Töne Deltagrün, Zenitblau, Lotusweiß und VW-Blau. Die Dachfarben für das Coupé sind Schwarz und Togaweiß, die Verdeckfarben für das Cabriolet Schwarz, Texasbraun oder Hellsand. Dazu werden die Sitzbezüge in Hahnentritt-Platin und Hahnentritt-Khaki geliefert – die alternative Kunstlederausstattung ist in Schwarz, Khakibraun, Galarot und Hellsand zu haben.

Breiter Rücken: Um dem Karmann Ghia im Vergleich zu den ersten Prototypen ausgeglichene Proportionen mit auf den Weg geben zu können, wurde das Fahrgestell auf jeder Seite leicht verbreitert – nur so konnte es die ausladende Karosserie aufnehmen.

1969

Im Juni wird das bisherige PVC-Heckfenster beim Cabriolet durch eine Sicherheitsglasscheibe ersetzt. Für das Coupé sind die bislang nur für den Export bestimmten Rammstoßstangen als Mehrausstattung lieferbar. Ab August haben die bisher verwendeten runden Fahrtrichtungsanzeiger ausgedient: Sie werden durch moderne viereckige Blinker (wie beim Typ 3) ersetzt, die den strengeren amerikanischen Vorschriften entsprechen. Von neuen Farben für die Innenausstattung abgesehen hat sich am Interieur des aktuellen Jahrgangs wenig getan: Der Zierring des Tachometers wurde mattiert. Umso mehr begeistert das Äußere des Zweisitzers: Die Farbpalette ist attraktiv wie nie zuvor, außerdem zeigt sich der Ghia nun mit chromfarben lackierten Scheibenrädern. Eine ganz besondere Ehre wird dem Wagen zuteil, als ihn das „Ringling Museum of Art" (Sarasota, Florida, USA) aufgrund seiner zeitlosen Form als eines der fünfzehn gelungensten Industriedesigns der Welt auswählt.

1970

Ab August 1970 gibt der 1,6 Liter große Boxermotor mit 50 PS Leistung den Ton unter der Motorhaube an. Das luftgekühlte Aggregat der neuen Käfer-Generation (1302) bringt den mittlerweile 870 Kilogramm schweren Karmann Ghia auf eine Spitze von 138 km/h. Alle Modelle des neuen Jahrgangs sind endlich mit Abschleppösen ausgestattet. Fortschrittlich: Im Tachometer ist nun ein Tageskilometerzähler integriert. Heizdüsen für die Rückscheibe werden nicht mehr benötigt: Der neue Jahrgang ist mit einer heizbaren Heckscheibe ausgestattet.

Die Suche nach der optimalen Anordnung der Scheinwerfer und der Lufteintrittsöffnungen war ein lang diskutiertes Thema – ursprünglich sollte der Karmann Ghia mit vier Fernscheinwerfern ausgestattet werden.

Im Laufe seiner fast 19 Produktionsjahre erfuhr das Karmann Ghia Cabriolet zahlreiche Modifikationen. Optisch auffällig waren dabei besonders die mehrmals vergrößerten Heckleuchten und Stoßstangen.

Moderne Farben wie Adriablau, Blutorange, Zitronengelb und Weidengrün bringen frischen Wind in die Farbpalette. Weiterhin gültig sind Hellelfenbein, Bahiarot, Signalorange und Irischgrün – die Lackierungen Albertblau, Pampasgelb und Pastellblau entfallen.

1971

Karmann-Ghia-Fans sind von den neuen kastenförmigen Stoßfängern mit Gummileisten alles andere als be-

Seite 56: Fahren in der wohl schönsten Form – offen! Im Vergleich zum Karmann Ghia Coupé musste das Chassis für das Cabriolet kaum verändert werden. Es erhielt lediglich verstärkte Schweller unterhalb der rahmenlosen Türen.

geistert – sie nennen sie ihrer voluminösen Form wegen verachtungsvoll Eisenbahnschienen. Durch die neuen Stoßfänger müssen die Kotflügel entsprechend modifiziert werden, außerdem bestimmen nun größere Blink-, Brems- und Schlussleuchten die Optik des Wagens. Die Rückleuchten wurden übrigens vom VW 1600 (Typ 3) übernommen. Die bisher teakholzgemaserte Armaturentafel wird mit einer Polsterleiste (als Knieschutz) und schwarzem PVC überzogen. Sie nimmt die beiden großen Kombiinstrumente vom neuen Typ 4 auf und erhält außerdem das neu gestylte gepolsterte Vierspeichen-Lenkrad (mit Pralltopf) des VW 1302. Durch einen Lenkstockschalter mit zusätzlichem Hebel

Ab 1960 leistete Volkswagens legendärer Boxermotor 34 PS. Er verfügte serienmäßig über eine Startautomatik und konnte auf Wunsch gegen Aufpreis mit dem sogenannten Saxomat halbautomatisch geschaltet werden.

rechts unter dem Lenkrad wird eine Bedienungserleichterung der Wischer-Waschtätigkeit erzielt. Die beiden hinteren Seitenfenster erhalten einen festen Steg und können dadurch als Ausstellfenster genutzt werden. Im Motorraum ist ein Stecker für Volkswagens neuartige „Computerdiagnose" installiert. Im Interieur fallen dem Ghia-Kenner sofort das modifizierte Gehäuse des Rückspiegels auf. Die Polster der Sitze zeigen sich gediegen mit in Querrichtung eingearbeiteten Abnähern („Pfeifen") – bisher wurden sie in Längsrichtung angeordnet. Verkleidungsblenden an den Sitzunterteilen geben dem Interieur eine neue Wertigkeit. Von Volkswagen nicht gewollt, aber vom Gesetzgeber gefordert (neue EWG-Vorschrift) war das Ändern der Anbringungsfläche für die Kennzeichen. Die Modellpflege, die man dem Karmann Ghia regelmäßig angedeihen ließ, hatte natürlich ihren Preis – und der lag für das Coupé in der Grundausstattung mittlerweile bei 8.690 DM, das schicke Cabrio kostete 9.590 DM.

1972

Für den Jahrgang 1972 spendiert man dem Ghia lediglich stärkere Batterien (36 Ah und 45 Ah) sowie größer dimensionierte Reifen (6.00 x 15 anstelle 5.60 x 15). Die optional erhältliche Halbautomatik profitiert von einer Parksperre – bei der Ausführung mit

Oldtimer der Marke Karmann Ghia feiern im Frühjahr 2009 bei einer Ausstellung auf dem Firmengelände der Wilhelm Karmann GmbH in Osnabrück ein Familientreffen. Von der ersten bis zur letzten Bauserie hat der Karmann Ghia seine unverwechselbaren Charakterzüge bewahrt. Das gilt für den Typ 14 ebenso wie für den mit vier Scheinwerfern bestückten Typ 34.

Modellpflege

Eine Frage des Geschmacks: Stoßfänger mit Rammschutz gehörten für alle in die USA exportierten Karmann-Ghia-Modelle zur Serienausstattung. Auf dem europäischen Markt war man über diese Ausführung geteilter Meinung.

Schaltgetriebe wurden die Zahnradzähne des ersten, des vierten und des Rückwärtsganges sowie die Hinterachsübersetzung geändert. Außerdem gibt es „angepasste" Preise: Das Coupé kostet nun 9.220 DM, das Cabrio 10.160 DM.

1973

Im Hinblick auf die bevorstehende Neuausrichtung des Modellprogramms im Volkswagen-Konzern beschränkt sich die Modellpflege am Karmann Ghia verständlicherweise auf das Notwendigste. Der elegante Zweisitzer, der in der Vergangenheit schon des Öfteren totgesagt wurde, hat mittlerweile einen durchaus schweren Stand. Seine Verkaufszahlen rutschen permanent in den Keller und die Mitbewerber haben längst PS-stärkere Wagen im Programm. Breitere Felgen (jetzt 4,5 Zoll mit 41 mm Einpresstiefe) und die nach wie vor

Zu Beginn seiner Karriere tritt der Karmann Ghia noch zurückhaltend auf: Vergrößerte und mit zusätzlichen Chromzierleisten ausgestattete Lufteinlassöffnungen gibt es ab Modelljahr 1959.

Praktisch und pflegeleicht – die Türverkleidung des Karmann Ghia ist aus Kunststoff gefertigt. Ab 1963 ließen sich die Türschlösser durch Eindrücken des Türknopfes beim Schließen von selbst verriegeln.

äußerst attraktive Farbpalette sind kaum noch ein Grund, den immer teurer werdenden Wagen (Coupé: 9.785 DM, Cabrio: 10.780 DM) zu ordern.

1974

Noch laufen bei Karmann in Osnabrück beide Ghia-Modelle vom Band. Die Belegschaft weiß aber, dass die bereits gedrosselte Produktion mit Beginn der Werksferien eingestellt wird. Damit geht nach 19 Produktionsjahren eine nicht alltägliche Automobilkarriere zu Ende. Gelohnt hat sich das Engagement aller Beteiligten auf jeden Fall: Insgesamt haben (laut Werksangaben von Karmann) 362.601 Coupés und 80.881 Cabriolets die Werkshallen verlassen.

Links: Die erste größere Modifizierung der Frontpartie erfolgte 1959: Die Scheinwerfer wurden größer und höher gesetzt. Ein Jahr später erhielten die vorderen Blinkleuchten statt weißem gelbes Glas.

Seite 66: Die anfangs noch ungepolsterte Armaturentafel zählt mit zu den Ausstattungsmerkmalen, die ebenso wie das Lenkrad regelmäßig überarbeitet und modernisiert wurden.

Karmann Ghia Typ 14

Diese hier abgebildete Cabrio-Version ist aus historischer Sicht betrachtet unbezahlbar: Es handelt sich um das letzte jemals gebaute Karmann Ghia Cabriolet, das am 1. Juli 1974 das Karmann-Werk in Osnabrück verließ.

Seite 68: 1969 lösen rechteckige Blinker die runden Fahrtrichtungsanzeiger ab. Ein Detail im Verborgenen: Das beim Cabriolet ins Verdeck eingelassene Polyglas-Heckfenster wird durch eine Sicherheitsglasscheibe ersetzt.

Modellpflege

Sehen und gesehen werden: Ab 1971 – der Karmann Ghia ist mittlerweile 140 km/h schnell – werden wieder einmal die Heckleuchten vergrößert. Man übernimmt sie der Einfachheit halber vom Volkswagen Typ 3.

Seite 72: Der in der letzten Evolutionsstufe auf 1.584 ccm angewachsene Hubraum sorgte ab 1970 für eine Leistung von 50 PS, die sich mittels vorderer Scheibenbremsen und hinterer Trommelbremsen gut im Zaum halten ließen.

Karmann Ghia Typ 14

Zweifelsohne ist der Karmann Ghia das erste in Großserie gebaute europäische Automobil, das exklusives Design mit wirtschaftlicher Technik verknüpft. Damit öffnete er anderen „Personal Cars" wie dem Ford Capri oder dem Opel Manta, die ab den 1960er- und 70er-Jahren den Markt eroberten, den Weg.

Das für längere Zeit im Teakholzlook gehaltene Armaturenbrett wird ab Sommer 1971 mit schwarzem PVC überzogen und nur noch mit zwei Rundinstrumenten bestückt. Neu ist auch das moderne gepolsterte Vierspeichenlenkrad.

Modellpflege

Als Volkswagen Anfang der 1970er-Jahre auf dem Gebiet sportlicher Coupés und Cabriolets neue Marktsegmente erschloss, konnte der Schönling namens Karmann Ghia in Bezug auf Leistung und Form nicht mehr mithalten – zum Bedauern seiner Fans lief 1974 der Scirocco als Nachfolger des Typ 14 vom Band.

1971 unterzog man den Karmann Ghia einem weiteren Facelifting und ersetzte seine filigranen Stoßstangen gegen mächtig wirkende Kastenstoßstangen, scherzhaft „Eisenbahnschienen" genannt. Sie sollten im Falle eines Unfalls mehr Sicherheit geben.

Karmann Ghia Typ 14

Karosseriebauer wussten das Konzept des Käfers (Typ 1) zu schätzen. Seine Basis stand Pate für den VW Transporter und den VW Karmann Ghia, während vom Volkswagen Typ 3 der Variant, die Touringlimousine und der „große" Karmann Ghia (Typ 34) abgeleitet wurden.

Technische Daten Typ 14

Modell	VW 1200 Karmann Ghia	1200 Karmann Ghia	VW 1300 Karmann Ghia	VW 1500 Karmann Ghia	1600 Karmann Ghia
Bauzeit	1955–1960	1960–1965	1965–1966	1966–1970	1970–1974
Motor	Vier-Zylinder-Boxer, luftgekühlt	Vier-Zylinder-Boxer, luftgekühlt	Vier-Zylinder-Boxer, luftgekühlt	Vier-Zylinder-Boxer, luftgekühlt	Vier-Zylinder-Boxer, luftgekühlt
Hubraum	1192 ccm	1192 ccm	1285 ccm	1493 ccm	1584 ccm
Bohrung x Hub	77 x 64 mm	77 x 64 mm	77 x 69 mm	83 x 69 mm	85,5 x 69 mm
Leistung	30 PS/3400	34 PS/3600	40 PS/4000	44 PS/4000	50 PS/4000
Antrieb	Hinterräder	Hinterräder	Hinterräder	Hinterräder	Hinterräder
Vergaser	Solex 28 PCI Fallstrom	Solex 28 PICT-1 Fallstrom mit Startautomatik	Solex 30 PICT-1 Fallstrom mit Startautomatik	Solex 30 PICT-1 Fallstrom mit Startautomatik	Solex 30 PICT-2 Fallstrom mit Startautomatik
Fahrgestell	Zentralrohr-Rahmen mit angeschweißter Plattform und darauf verschraubter Karosserie	Zentralrohr-Rahmen mit angeschweißter Plattform und darauf verschraubter Karosserie	Zentralrohr-Rahmen mit angeschweißter Plattform und darauf verschraubter Karosserie	Zentralrohr-Rahmen mit angeschweißter Plattform und darauf verschraubter Karosserie	Zentralrohr-Rahmen mit angeschweißter Plattform und darauf verschraubter Karosserie
Bremsen	Trommelbremsen vorn und hinten (hydraulisch)	Trommelbremsen vorn und hinten (hydraulisch)	Trommelbremsen vorn und hinten (hydraulisch)	Scheibenbremsen vorne, Trommelbremsen hinten, Zweikreis	Scheibenbremsen vorne, Trommelbremsen hinten, Zweikreis
Höchstgeschwindigkeit	115 km/h	120 km/h	128 km/h	132 km/h	138 km/h
Leergewicht	820 kg	820 kg	830 kg	840 kg	870 kg
Reifen	5,60 x 15	5,60 x 15	5,60 x 15	5,60 x 15	5,60 x 15, ab 1972 Bereifung 6,00 x 15
Radstand	2400 mm	2400 mm	2400 mm	2400 mm	2400 mm
Länge x Breite x Höhe	4140 x 1634 x 1330 mm	4140 x 1634 x 1330 mm	4140 x 1634 x 1330 mm	4140 x 1634 x 1330 mm	4190 x 1634 x 1320 mm

Die interessantesten Prototypen und Studien

Karmann, Volkswagen und Ghia: Diese drei großen Namen der Automobilgeschichte sind mit der Entwicklung und der Erfolgsstory des Karmann Ghia fest verbunden und auf vielfältigste Weise verknüpft.

Die Idee, einen flott gestylten „Käfer im Sonntagskleid" auf die Räder zu stellen, ist zweifelsohne Wilhelm Karmann zuzuordnen. Ein Projekt – den Bau des VW Käfer Cabriolets – hatte der Chef des Osnabrücker Karosseriebauunternehmens zuvor bereits erfolgreich umsetzen können. Die Offenversion des Käfers verkaufte sich gut. Sie basierte auf der Käfer-Limousine und wurde über das VW-Händlernetz vertrieben. Für Karmann ein Grund mehr, die Zusammenarbeit zu vertiefen. Natürlich wusste er aus eigener Erfahrung, dass der Vorstand des Volkswagenwerks neuen Projekten meist skeptisch gegenüberstand. Der einzig richtige Weg, VW-Chef Heinrich Nordhoff ein neues Konzept näherzubringen, war die Präsentation einer perfekten Studie. Der Mann, der ihm dabei hilfreich zur Seite stehen sollte, hieß Luigi Segre, Chef und Inhaber der Carrozzeria Ghia SpA in Turin.

Segre, beziehungsweise seinem Team, oblag es, Karmanns skizzierte Entwürfe und Ideen im wahrsten Sinne des Wortes in eine ansprechende Form zu bringen. Einen besseren Partner als Segre hätte Karmann nicht finden können: Man schwebte auf einer Wellenlänge, und wenn es etwas zu verbessern galt, betraf es hauptsächlich nur Detailänderungen. Die Zusammenarbeit zwischen Karmann und Ghia trug reife Früchte: Fünfzehn Jahre lang – der Karmann Ghia wurde längst in Serie gebaut – überraschte der italienische Karosserier die Osnabrücker mit einer Flut von Vorschlägen. Einige betrafen nur Detailveränderungen am laufenden Modell, andere enthielten völlig neue Designvorschläge für etwaige Nachfolgemodelle. Die meisten Ideen existierten zwar nur auf dem Papier, in manchen Fällen aber wurden auch fahrfertige Versuchswagen erstellt.

Der Mann aus Segres Team, der die endgültige Form des Serienmodells des Karmann Ghia entwickelte, war übrigens Mario Boanu. Mit seinem Sohn Gian Paolo verließ er allerdings Ghia, bevor das von ihm gezeichnete Coupé in Produktion ging. Er machte sich selbstständig und eröffnete in Turin eine eigene Karosseriefirma. Sein Fortgang von Ghia hinterließ ein Vakuum, das nur schwer auszufüllen war. Boanus Partner Luigi Segre war jetzt auf sich allein gestellt und brauchte dringend einen guten Ersatzmann. Für das Karmann Projekt übernahm bald Sergio Coggiola die Verantwortung, er war zuständig für die Ausarbeitung von Konstruktionsplänen und die Erstellung von Prototypen.

Apropos Prototyp: Aus den Skizzen, die Karmann Anfang der 1950er-Jahre Segre überreicht hatte, war bereits 1953 die erste Studie eines hinreißend gezeichneten Coupés entstanden. Kurz vor dem Pariser Salon stand sie auf den Rädern. Segre ließ die Studie allerdings nicht zum Salon bringen, sondern in den Pariser Vorort Neuilly zu Charles Ladouche, dem französischen VW-Importeur. Hier konnte er sich „in geheimer Mission" mit Karmann treffen – und der war schlichtweg begeistert. Die Rechnung, auf einem VW-Käfer-Fahrgestell ein elegantes Coupé entwickeln zu lassen, war aufgegangen.

Karmanns Aufgabe bestand nun darin, das Projekt der Geschäftsführung des Volkswagenwerks näherzubringen. Am 16. November 1953 war es so weit: Eine Delegation – darunter Generaldirektor Heinrich Nordhoff – reiste nach Osnabrück, um Karmanns Idee kritisch unter die Lupe zu nehmen. Der mit einem edlen Lederinterieur ausgestattete Prototyp begeisterte auf

Die Vogelperspektive macht es deutlich: Um ein Hardtop aufsetzen zu können, musste die Verdeckkonstruktion radikal geändert werden – das Aufsetzdach verlangte ein voll versenkbares Cabrioverdeck.

Anhieb. Nordhoff gab „grünes Licht" – einer zügigen Weiterentwicklung bis hin zur Serienreife stand nichts mehr im Wege.

Karmann hatte inzwischen verstärktes Interesse an neuen Vorschlägen aus Turin gezeigt und einige komplette Versuchswagen bestellt. 1954, ein Jahr vor der Präsentation des ersten Coupés, wurde von Ghia eine weitere Variante vorgeschlagen, die mit ihrer verlängerten Dachpartie wie eine geschrumpfte Limousine aussah. Karmann ließ Ghia zwar ein Versuchsmodell anfertigen, der Volkswagen-Konzern in Wolfsburg aber winkte ab. Der Wagen blieb so, wie er bis jetzt konzipiert war: ein Zweisitzer mit hinterer Notsitzbank.

Während Segres und Karmanns Ingenieure und Karosseriebauer an der ultimativen Form des Neulings feilten, spitzte Volkswagens Verkaufsabteilung nochmals die Bleistifte, um den Preis für die Markteinführung endgültig festzulegen. Eine nicht allzu schwere Aufgabe: Man kannte ja die Kosten für den fahrfertigen Unterbau, sprich das Käfer-Chassis, und hatte außerdem Karmanns Preisgestaltung für den Bau der Sonderkarosserie vorliegen. Hinzu kam eine angemes-

Die interessantesten Prototypen und Studien

sene Vergütung für die Carrozzeria Ghia, woraus letztlich der Händlerverkaufspreis in Höhe von 7.500 DM resultierte. Somit lag der Preis des Coupés 3.000 DM über dem Preis eines Käfers.

Als im August 1955 die Produktion des Volkswagen Karmann Ghia Coupés anlief – Vorschläge, den Wagen „Riviera" oder „Ascona" zu nennen, waren zuvor verworfen worden –, diskutierten Karmann, Volkswagen und Ghia bereits über die endgültige Form einer weiteren offenen Variante, des Karmann Ghia Cabriolets. Es sollte 1957 das Verkaufsprogramm ergänzen und entspricht jenem Wagen, der Wilhelm Karmann ursprünglich vorgeschwebt hatte. Die Entwicklung des Cabriolets war für alle Beteiligten eine der leichtesten Aufgaben überhaupt: Schließlich lässt sich ein Coupé besser in einen offenen Wagen verwandeln als umgekehrt. Das Gros der optischen Modifikationen oblag Segre und seinem Team, während sich Karmann hauptsächlich der Konstruktion eines soliden Allwetterverdecks widmete. Der technische Mehraufwand für das Frischluftvergnügen (Verdeck, zusätzliche Versteifungsbleche für die Karosserie) schlug allerdings mit höheren Produktionskosten zu Buche: Bei seiner Markteinführung 1957 stand das Karmann Ghia Cabriolet zum Preis von 8.250 DM bei den Händlern.

Der Karmann Ghia betrat gerade zur richtigen Zeit die automobile Bühne. Dank des Wirtschaftswunders reichte es hier und dort schon für ein wenig Luxus: Man entdeckte das Reisen – gern nach Italien! –, und wer es sich leisten konnte, zog den Kauf eines Zweitwagens für die Dame des Hauses durchaus in

In dieser Ausführung suchte man den Karmann Ghia im Straßenbild vergeblich: Die Idee, den Wagen in einer praktischen und zugleich optisch ansprechenden Hardtop-Version anzubieten, wurde schnell wieder verworfen.

Die interessantesten Prototypen und Studien

Die interessantesten Prototypen und Studien

Auch mit coupéähnlichem Dachaufbau: Die Linienführung stimmt. Volkswagen und Karmann haben die Hardtop-Konstruktion aber schnell zu den Akten gelegt und auch die Zubehörindustrie schien sich dafür nicht begeistern zu können.

Erwägung. Keine Frage: Der Karmann Ghia war eine gute Wahl. Er überzeugte mit der Robustheit und der Zuverlässigkeit seiner technischen Basis, des VW Käfer. Darüber hinaus blieben seine Unterhaltskosten im überschaubaren Rahmen.

Dass der Karmann Ghia das Zeug zum Erfolgsmodell haben sollte, ahnte 1955 niemand: Ohne Wilhelm Karmanns unternehmerisches Risiko hätte es den „Hausfrauen-Porsche" – wie der Wagen scherzhaft genannt wurde – nie gegeben. Der Erfolg des Zweisitzers war es dem Osnabrücker Unternehmer wert, das Thema Karmann Ghia permanent in Form von Stilstudien und Prototypen zu variieren – natürlich in Zusammenarbeit mit der Carrozzeria Ghia.

Auch hier taten sich Veränderungen auf: 1956 übernahm Sergio Sartonelli die Leitung der Stylingabteilung. Er war Diplom-Ingenieur und zudem ein begabter Künstler. Ihm zur Seite stellte Ghia-Chef Segre einen jungen amerikanischen Designer namens Tom Tjaarda. Dessen Vater John Tjaarda hatte sich in den 1930er-Jahren als Stylist in Detroit einen Namen gemacht, der Filius aber wollte seine Ausbildung in Italien absolvieren. Während der 1960er-Jahre entwarfen Sartonelli und Tjaarda ständig Modifikationen für den Karmann Ghia – kleine Faceliftings ebenso wie komplette Neukonzeptionen. Bei Karmann war man sich auch im Klaren darüber, dass bald etwas geschehen musste, um den Anschluss auf dem Markt nicht zu verpassen. Aber man tendierte nicht so sehr zu kleinen Retuschen als vielmehr zu einem gänzlich neuen Modell.

Abgesehen von der VW-1500/1600-ccm-Version (analog zum VW 1500, Typ 3) – wie es ihn als „großen" Karmann Ghia (Typ 34) von 1962 bis 1969 gab – entstand in Turin 1963/64 ein völlig neuer Wagen, entworfen von Filippo Sapino. Die Arbeiten gingen allerdings nur langsam voran, weil ein tragischer Umstand den ganzen Betrieb ins Stocken gebracht hatte: Luigi Segre war 1963 an einer Infektionskrankheit gestorben. Ein Jahr später verließen Sartonelli und Tjaarda Ghia. Sartonelli ging zu OSI, wo er drei Jahre lang blieb, ehe er bei Fiat eine neue Position annahm. Tom Tjaarda begab sich zu Pininfarina, kehrte 1968 aber zu Ghia zurück. Zuständiger Mann für den Karosseriebau bei Ghia blieb Sergio Coggiola. Er setzte Sapino ein, für Karmann neue Vorschläge auszuarbeiten. Sapino brachte hervorragende Ideen in die Diskussion, und sein Entwurf von 1963/64 für einen neuen Karmann-VW wich von allem Vorangegangenen so weit ab, dass nicht mehr zu erkennen war, dass die Basis für sein Auto ein Heckmotorwagen war.

Nach Segres Tod hatte Giacomo Gaspardo Moro dessen Platz eingenommen. Er kam allerdings nicht aus dem Automobilgeschäft, sondern aus der Filmbranche. Er war ein guter Freund Segres gewesen und hatte für Ghia zunächst zahlreiche Werbespots gedreht, bevor Segre ihn zu seinem persönlichen Assistenten machte. Moro blieb bis 1967 Geschäftsführer der Carrozzeria Ghia. 1965 warb er einen jungen Mann namens Giorgetto Giugiaro von Bertone ab, allerdings nicht, um ihn an Karmann-Projekten mitarbeiten zu lassen, sondern um neue Pläne für Maserati zu entwickeln. Im Frühjahr 1967 ging die Firma Ghia in die Hände der amerikanischen Gesellschaft Rowan Controllers über. Als neuen Geschäftsführer engagierte man den Argentinier Allessandro de Tomaso, eine bemerkenswerte Persönlichkeit des italienischen Automobilgeschäfts.

Moro gab seine Position auf, Sapino und Giugiaro suchten sich ebenfalls neue Jobs. Auch Sergio Coggiola verließ Ghia und machte sich selbstständig. Die Zusammenarbeit zwischen Karmann und Ghia verdünnte sich. Tom Tjaarda kehrte zwar zu Ghia zurück, entwarf aber den neuen De Tomaso Panthera mit Ford-Motor. Ford hatte ohnedies großes Interesse an Ghia gezeigt und die Firma 1971 seinem Konzern angegliedert, und über Ford kehrte auch Sapino zu Ghia zurück, wo er 1973 zum Chef des Hauses avancierte. Im gleichen Jahr wurde auch das Ende des Karmann Ghia beschlossen – die Produktion in Osnabrück lief im darauffolgenden Jahr aus.

VW Karmann Ghia Hardtop
Zurück zur Praxis. Während die Fertigung der beiden Karmann-Ghia-Modelle auf Hochtouren lief und sich die Auftragsbücher füllten, tüftelte Wilhelm Karmann

Seite 84: Auf der Suche nach einer ansprechenden Form – die Coupéstudie VW Typ 1, die zu Beginn der 1960er-Jahre realisiert wurde, greift im Heckbereich noch einmal das kantige Design eines Karmann-Ghia-Prototypen von 1953 auf.

Die interessantesten Prototypen und Studien

VW Karmann Ghia Hardtop

Die interessantesten Prototypen und Studien

Schon frühzeitig machte man sich bei Karmann Gedanken darüber, wie der Karmann Ghia im Rahmen der Modellpflege in Zukunft hätte aussehen können – nur Insider wussten von der Existenz der Coupéstudie VW Typ 1.

längst an einer weiteren, dritten Variante. Sie wurde 1958 realisiert und sollte nicht die letzte Stilstudie in der Karriere des Karmann Ghia bleiben. Karmanns Idee war, das Cabriolet in eine Hardtop-Ausführung zu verwandeln. Viele Hersteller, vor allem die britischen, führten für ihre Modelle ein optionales Hardtop im Programm. Die Vorzüge dieser festen Dachkonstruktion lagen klar auf der Hand: Ein Hardtop ließ sich mit wenigen Handgriffen auf den Wagen setzen und bot den Insassen vor allem im Winter optimalen Wetterschutz. Die Statistik zeigte, dass nur wenige Cabrio-Besitzer ihren (Zweit-)Wagen im Winter abmeldeten – viele Eigner „motteten" ihr Cabrio nur über die Wintermonate

ein. Der Gedanke, auf diese Weise die Qualitäten einer Limousine mit den Annehmlichkeiten eines Cabriolets zu kombinieren, war an sich nicht schlecht. Allerdings ließ sich ein Hardtop nur auf einen Wagen mit voll versenkbarem Verdeck montieren. Für Karmann als Verdeckspezialisten war das kein Problem: Er modifizierte die Verdeckkonstruktion des Ghia-Serienmodells und stattete einen Versuchswagen lediglich mit einem voll versenkbaren, leichten Roadsterverdeck aus – Platz für ein Hardtop war nun vorhanden. Karmann favorisierte für den mit einem großzügig bemessenen Heckfenster ausgestatteten Aufsatz eine solide Stahlkonstruktion – und die ist optisch absolut

Volkswagen lieferte mit dem VW Käfer die technische Basis für den Karmann Ghia und die zahlreichen im Laufe der Zeit entstandenen Studien. Karmann in Osnabrück war für den Karosseriebau zuständig, der Carrozzeria Ghia in Turin oblag Design und Linienführung.

gelungen: Chromleisten und ein schwarzer Vinylüberzug unterstreichen die Linienführung des Aufsetzdaches. Zur Serienfertigung des Karmann Ghia Hardtop kam es leider nicht – nur drei Exemplare wurden zu Versuchs- und Testzwecken gebaut.

Coupéstudie VW Typ 1

In Bezug auf einen etwaigen Nachfolger des Karmann Ghia hat es an Vorschlägen und Überlegungen nicht gemangelt. Viele der Ideen brachten es nur zu Entwürfen auf dem Zeichenbrett, andere nahmen im wahrsten Sinne des Wortes Form und Gestalt an, darunter diese Coupéstudie. Sie wurde als potenzielles Ghia-Nachfolgemodell betrachtet und vom Design her dem Zeitgeschmack angepasst. Der in hellem Beige mit einem leichten Hauch Metallic lackierte Wagen traf 1961/62 in Osnabrück ein – auf die Räder gestellt wurde das auf dem Käfer-Fahrgestell basierende Coupé natürlich bei Ghia in Turin. Sergio Sartonelli, der für dieses Projekt verantwortlich zeichnete, favorisierte im Vergleich zum Serienmodell des Karmann Ghia bewusst ein etwas eckigeres Design. Es gibt

Seite 88: Lebhafte Farben und dominante Muster: Dem Auge tut diese Kombination auf den ersten Blick weh. Man muss die Coupéstudie VW Typ 1 in natura gesehen haben – das Interieur harmoniert tatsächlich mit der hellbeigen Perleffekt-Lackierung.

Die interessantesten Prototypen und Studien

Breite Lufteintrittsöffnungen und relativ kleine Scheinwerfer ergeben eine perfekte optische Täuschung – die Coupéstudie VW Typ 1 sieht in dieser Perspektive eher wie ein geräumiger Mittelklassewagen aus.

Coupéstudie VW Typ 1

Im Vergleich zur stilsicher gezeichneten Frontpartie zeigt das Heck der Coupéstudie VW Typ 1 einen Mix verschiedener Designelemente.
Trotzdem: Der Wagen ist ein echter Volkswagen – wie üblich, wurde das luftgekühlte Antriebsaggregat hinten platziert.

Seite 92: Im Vergleich zum Serienmodell des Karmann Ghia wirkt die Coupéstudie VW Typ 1 relativ glattflächig. Dass der Wagen trotz hinterer Notsitzbank eigentlich nur ein Zweisitzer ist, lässt sich in der direkten Seitenansicht bestens erkennen.

Die interessantesten Prototypen und Studien

Coupéstudie VW Typ 1

Die interessantesten Prototypen und Studien

In den 1960er-Jahren entstanden bei Volkswagen viele Prototypen, welche die Produktpalette erweitern sollten. Auch Karmann hat auf diesem Gebiet früh begonnen, in Bezug auf den Karmann Ghia einen Beitrag zu leisten. So entstand 1965 diese Studie in Form einer Cabrio-Limousine.

dem Wagen in Verbindung mit seiner großzügigen Verglasung eine individuelle Note. Auffallend und markant ist die Auslegung des Heckfensters: Anstelle breiter, kräftiger C-Säulen nehmen zwei zierliche Längsstreben diesen Bereich auf – dank ihrer Leichtigkeit betonen sie dezent den gewünschten Effekt einer Panoramaverglasung. Von vorn weist die Studie unverkennbar ihre Familienzugehörigkeit aus: Die für den Karmann Ghia typischen „Nasenlöcher" wurden beibehalten, von der Form her aber modernisiert und ein wenig gestreckt. Kleine, nur leicht angedeutete Heckflossen, die im Kontrast zu horizontal platzierten Rückleuchten stehen, prägen die Rückansicht des Wagens auf ihre eigene Weise. Der Mix dieser Stilelemente war zwar ein wenig gewagt, aber durchaus gewollt. Das gilt auch für das Interieur des 2+2-Sitzers. So etwas kannte man bisher nur von amerikanischen Wagen – alles war Rot!

Seite 94: Korallenrot und Chrom – für einen amerikanischen Straßenkreuzer hätte man sich keine bessere Kombination vorstellen können. Auch der Coupéstudie VW Typ 1 war damit Aufmerksamkeit garantiert!

Der von dem ehemaligen Ghia-Mitarbeiter Giorgio Giugiaro entworfene Prototyp verfügt über Seitenscheiben mit feststehendem Rahmen, zwischen denen das Dach herauf- und heruntergerollt werden kann. Die flach gehaltene Bug- und Heckpartie verleiht der Studie eine unaufdringliche Eleganz.

Trotzdem wirkte die Ausstattung alles andere als kitschig. Das rote Armaturenbrett präsentierte sich zeitgemäß mit einem Breitbandtacho. Die Verwendung von Chromzierleisten im Innenraum war ein absolutes Muss und mit adrett bezogenen Sitzen sowie roten Türinnenverkleidungen sah die Coupéstudie äußerst individuell aus. Aus heutiger Sicht betrachtet war dieser Wagen seiner Zeit ein wenig voraus. Geschadet hat es nicht: Einige Stilelemente der Studie sollten später in abgewandelter Form bei einem anderen Wagen, dem brasilianischen Karmann Ghia TC, wieder auftreten.

Studie Typ 1 Cabriolet

Erinnerungen an die Zeit klassischer Cabrio-Limousinen werden beim Anblick der Typ-1-Cabrioletstudie wach. Viele Hersteller führten diese Karosserievariante in den 1950er-Jahren im Programm. Karmann griff die Idee Mitte der 1960er-Jahre wieder auf und interpretierte das Thema völlig neu. Das gemeinsam mit Ghia realisierte Projekt präsentierte sich 1965 in einem sachlich nüchternen, äußerst modernen Karosseriestil. Wie für eine Cabrio-Limousine üblich, lässt sich das Rolldach (Karmann spricht von einem „Leichtverdeck") mit eingenähtem PVC-Fenster zwischen den festen Scheiben-

Die interessantesten Prototypen und Studien

rahmen nach hinten schlagen und komplett abnehmen – auch eine Art, das Offenfahren zu genießen. Genau genommen verkörpert der Wagen zwei Studien in einer: Wie bei Designentwürfen oft üblich, weicht die Linienführung der einen Fahrzeugseite von der Gestaltung der anderen ab. Während die Tür auf der rechten Seite über ein kleines Dreieckfenster verfügt und im Heckbereich zur Motorbelüftung sechs kleine, senkrechte Öffnungen aufweist, wurde an der linken Tür auf das Dreieckfenster verzichtet und die Motorraumbelüftungsschlitze wurden in Form einer Doppelreihe waagerecht angeordnet. Der modernen Optik angemessen stattete man den Wagen mit einem leicht gewölbten Instrumententräger (unter anderem großer Drehzahlmesser, Anzeige für Öldruck, Uhrzeit, Batterieladung) und einem Dreispeichen-Sportlenkrad aus. Obwohl dieses Einzelstück auf dem Chassis des Karmann Ghia Typ 14 basiert, gibt im Heck der große 1,5-Liter-Motor den Ton an.

Karmann Cheetah

Anlässlich des 41. Genfer Automobilsalons präsentierte Karmann 1971 der Öffentlichkeit einen modernen, keilförmig gestylten Prototypen namens Cheetah. Entgegen der üblichen Praxis, das Projekt gemeinsam mit Ghia auf die Räder zu stellen, wurde der Cheetah bei dem italienischen Stylingstudio „Ital Design" in Auftrag gegeben. Grund für den Wechsel war der Tod Luigi Segres. Als der Inhaber und Geschäftsführer von Ghia 1963 starb, stand für Karmann fest, dass man in Zukunft Giorgio Giugiaro unterstützen wolle. Der ehemalige Ghia-Mitarbeiter, der sich unter dem Namen Ital Design 1968 selbstständig gemacht hatte, konnte mit einem Prototypen-Auftrag pro Jahr von Karmann rechnen – der Cheetah war sein Erstlingswerk. Technisch basiert dieser Zweisitzer auf dem Unterbau des VW 1600, wobei der Radstand von 240 cm auf 213 cm gekürzt wurde. Trotz dieser Maßnahme blieb unter dem hohen, stumpfen Heck genügend Platz für das Antriebsaggregat, den 50 PS starken Vierzylinder mit 1.584 ccm Hubraum – er bringt die Studie auf eine Höchstgeschwindigkeit von 145 km/h. Mit der interessanten Linienführung des Cheetah reagierten Karmann und Ital Design auf den damaligen Trend zu kantigen Karosserieformen. Diese Auslegung ist einer der Gründe, weshalb das metallic-blaue Einzelstück mit voll versenkbaren Klappscheinwerfern ausgestattet werden musste. Der Platz unter der vorderen Haube – dem Kofferraum (!) also – ist begrenzt. Er wird vom Reserverad und dem Benzintank eingenommen. Alternative Möglichkeiten zur Gepäckunterbringung gibt es auf der hinteren schmalen Notsitzbank: Wer aber wollte mit einem Spaßautomobil – und ein solches war der Cheetah – schon ernsthaft verreisen? Das wohl interessanteste Merkmal dieser Studie ist ihre Dachkonstruktion. Obwohl Ital Design stets von einem Roadster spricht, handelt es sich genau genommen aus Gründen der Sicherheit und Verwindungsfestigkeit um eine Targa-Konstruktion mit fest montierten Fensterholmen. Wer möchte, kann das dünne Rollverdeck (es lässt sich platzsparend im Kofferraum unterbringen) entfernen und den Fahrtwind genießen. Um den Wagen allwettertauglich zu machen, hatte Giugiaro die Verwendung eines Hardtops vorgesehen. Die Präsentation des Cheetah auf dem Genfer Salon löste jede Menge Spekulationen aus. Vertreter der Presse sahen in ihm bereits das Nachfolgemodell für den Karmann Ghia – die etwas undurchsichtig formulierte Pressemitteilung ließ zumindest darauf schließen.

Just for Fun! Die Studie Cheetah (afrikanisch: Gepard) basiert auf dem verkürzten Fahrgestell des VW 1600. Die Keilform an der Vorderfront sowie das hohe stumpfe Heck erinnern an den Fiat/Bertone X1/9.

Seite 100: Wäre der Cheetah als Serienmodell zu einem interessanten Preis realisiert worden, hätte er seine (junge) Käuferschicht gewiss gefunden: Versenkbare Scheinwerfer, Knautschledersitze und das etwas freche Design geben ihm eine jugendliche Note.

Karmann Cheetah

Die interessantesten Prototypen und Studien

Karmann Cheetah

Karmann Ghia Typ 34

Der Volkswagen 1500 (Typ 3), ein vernünftiger, aber schlichter Familienwagen, diente Ghia als technische Grundlage für den „großen" VW Karmann Ghia. Der Designer aus Turin verstand es, den braven Viersitzer in einen modernen 2+2-Sitzer zu verwandeln.

Der „große" Karmann Ghia

Für Wilhelm Karmann und Volkswagen-Chef Heinrich Nordhoff war es 1959 eine schnell beschlossene Sache: Man betrachtete den soeben auf die Räder gestellten Prototypen des „großen" Karmann Ghia als willkommene Ergänzung zum „kleinen" Karmann Ghia, sprich für das damals nach wie vor aktuelle Coupébeziehungsweise Cabrioletmodell. Die Studie, die auf dem Chassis des Volkswagen Typ 3 (VW 1500) basiert und in bewährter Zusammenarbeit mit Ghia in Turin realisiert wurde, ist 14 cm länger, verfügt über einen Motor der 1,6-Liter-Klasse und ermöglichte somit den Vorstoß in die untere Mittelklasse. Dank der Verwendung aktueller Großserientechnik (Typ 3) war bereits vorauszusehen, dass sich die Herstellungskosten in einem überschaubaren und realistischen Rahmen bewegen würden. Schnelles Handeln war gefragt: Der Markt war offen für Mittelklassewagen und die Konkurrenz schlief nicht. An der Optik des Prototypen gab es nur wenig auszusetzen. Was die Studie benötigte, war lediglich etwas Feinschliff und eine vernünftige Anordnung der Frontscheinwerfer. Vorschläge hierzu gab es viele – das Problem der Verbesserung bestand aber darin, die gesetzlichen Vorschriften nicht

Der „große" Karmann Ghia

Karmann Ghia mit Power: Mit der Vorstellung des „großen" Karmann Ghia Coupés setzten Volkswagen und Karmann 1961 ihre Zusammenarbeit mit Ghia in Turin fort. Das zunächst 45 PS starke Coupé überraschte mit einer Spitze von 132 km/h.

zu ignorieren. Außerdem sollte an der Frontpartie die sogenannte „Profilkante" ihren harmonischen Auslauf finden: Mit diesem kleinen, aber produktionstechnisch nicht leicht zu realisierenden Kunstgriff wollte Ghia unbedingt die Längsseiten der Karosserie betonen.

Im September 1961 war es so weit: Der offiziell VW Karmann Ghia 1500 Coupé genannte Wagen präsentierte sich im Glanz der Scheinwerfer der Öffentlichkeit. Ort des Geschehens war die Internationale Automobil-Ausstellung in Frankfurt am Main, Schauplatz des Debüts der Messestand von Karmann. Wie nicht anders zu erwarten stand die Fachpresse Schlange, denn Karmann brachte als Hingucker noch einen weiteren Wagen mit: das zum Vollcabriolet modifizierte Gegenstück. Chic waren natürlich beide, und die Tatsache, dass man wie gewohnt auf bewährte Großserientechnik zurückgriff, brachte dem „großen" Karmann jede Menge Vorschusslorbeeren ein. Der Begriff „groß" taucht in der offiziellen Bezeichnung übrigens nicht auf. Volkswagen taufte den neuen Karmann

Seite 104: Die an den Längsseiten der Karosserie verlaufende Profilkante betont gekonnt, aber trotzdem unaufdringlich das Design des großen Coupés – produktionstechnisch stellt sie allerdings eine Erschwernis dar.

Ghia, dessen Produktion im September 1961 begann, analog zur neuen großen Limousine VW 1500 (Typ 3) intern auf das Kürzel Typ 34. Damit entsprach das Muster der Codierung dem des „kleinen" Karmann Ghia: Der wurde als Abkömmling des Käfers (Typ 1) unter dem Oberbegriff Typ 14 geführt.

Entgegen der weit verbreiteten Meinung, der Typ 34 solle den Typ 14 ablösen, verstand der Volkswagen-Konzern den Neuling stets als Abrundung der Modellpalette. Und das war gut so: Der Wagen tat sich unerwartet schwer. Die ursprünglich anvisierte Tagesproduktion von 45 Einheiten wurde schnell nach unten korrigiert. Ebenso der Preis: Kostete das Modell bei Markteinführung noch 8.900 DM, bot es Volkswagen später 450 DM günstiger an.

Alle im Rahmen der Modellpflege durchgeführten Änderungen waren zwar sinnvoll, aber sie reichten nicht aus, um volle Auftragsbücher zu schreiben. Was im Einzelnen zu den wichtigsten Modifikationen im Rahmen der Modellpflege zählte, lässt sich im Gegensatz zum beliebten Karmann Ghia Typ 14 in wenige Worte fassen:

1961

Der VW Karmann Ghia 1500 Coupé geht in Serie.

1962

Alle ab Juli gefertigten Wagen können gegen Aufpreis mit einem elektrisch zu betätigenden Stahlschiebedach ausgestattet werden; der Bedienungsschalter wird unterhalb des Zigarettenanzünders platziert.

Doppelter Nutzen: Der über dem hinten platzierten Antriebsaggregat zusätzlich nutzbare Heck-Kofferraum verfügt über 120 Liter Ladevolumen. Im Vergleich zur Typ 3 Limousine wird der Deckel nicht per Hebelzug (im Türholm), sondern mittels eines Schlüssels geöffnet.

Modellpflege

Der Kofferraum unter der Bughaube profitiert von dem Vorteil, relativ „unzerklüftet" zu sein. Mit etwas Geschick und ein wenig System lässt sich hier mehr Gepäck als im Karmann Ghia Typ 14 verstauen.

1963

Ab August kann der Wagen in der stärkeren S-Version bestellt werden. Der 1.493 ccm große Boxermotor leistet in dieser Variante bei unverändertem Hubraum 54 PS (bisher: 45 PS). Die Heizungsbetätigung erfolgt mittels einer Hebelmimik, anstelle des Hupenhalbrings erhält das Lenkrad Huptasten. Die untere Türverkleidung sowie die Sitze können auf Wunsch in Kunstlederausstattung geliefert werden. Der Wagen, der nun auf Rädern der Dimension 6.00 S 15 L rollt, ist für einige Exportländer auch als Rechtslenker zu haben.

Modellpflege

Die weit ausladenden Türen mit voll versenkbaren Scheiben des großen Karmann Ghia Coupés ermöglichen einen relativ bequemen Einstieg. Die hinteren Fenster sowie die Dreieckfenster der Türen sind lediglich ausstellbar.

1964
Der Scheibenwischer verfügt über zwei Geschwindigkeitsstufen, die Heckscheibe ist beheizbar, auf der Beifahrerseite gibt es in der Sonnenblende einen Make-up-Spiegel. Eine neue Farbpalette sowie veränderte Dessins für den Teppichboden werten Ex- und Interieur auf.

1965
Als Modell 1600 wird der Hubraum des Motors bei unveränderter Leistung (54 PS) auf 1.584 ccm vergrößert. Anstelle der bisherigen Trommelbremsen an allen Rädern wird ein Zweikreis-Bremssystem mit vorderen Scheibenbremsen eingeführt.

Links: Anders als bei der Limousine liegt der Schwerpunkt des Ghias deutlich tiefer. Obwohl das Coupé 40 Kilogramm mehr auf die Waage bringt, übertrifft es auf Grund seines besseren c_w-Wertes die Limousine bei der Höchstgeschwindigkeit um 5 km/h.

1967
Auf Wunsch können ein Automatikgetriebe und eine Kraftstoffeinspritzungsanlage geliefert werden.

1968
Alle ab August gebauten Modelle erhalten eine Doppelgelenk-Hinterachse und werden serienmäßig mit einer Warnblinkanlage ausgestattet. Außerdem wird die Wirkung der Heizungsanlage verbessert und die Tankklappe ist verriegelbar.

1969
Nach 42.505 Einheiten endet bei Karmann in Osnabrück die Fertigung des „großen" Karmann Ghia.

Karmann Ghia Typ 34

Ab 1963 arbeitete im Heck anstelle des 45 PS starken Einvergaseraggregats der mit zwei Vergasern bestückte luftgekühlte Vierzylinder-Boxermotor. Er brachte bei unverändertem Hubraum (1.493 ccm) eine Leistung von 54 PS an die Hinterräder.

Seite 110: Das Preis-Leistungs-Verhältnis stimmt: Im ersten Halbjahr 1961 orderten bereits 3.332 Kunden das große Karmann Ghia Coupé. Porsche 1600, NSU Sport-Prinz und BMW 700 Coupé brachten es lediglich auf 1.091, 807 bzw. 1.100 Einheiten.

Modellpflege

Das aufgeräumte, mit den Instrumenten des Typ 3 bestückte Armaturenbrett zeigte sich anfangs in Schwarz. Dank der filigranen, aber stabilen A-Säulen verfügt das Coupé ringsum über eine ausgezeichnete Sicht.

Seite 114: Neben der Coupé-Version des großen Karmann Ghia stellt Karmann 1961 anlässlich der Frankfurter Internationalen Automobil-Ausstellung auch dieses 2+2-sitzige Cabriolet aus. Obwohl die Offenvariante auf Publikumsinteresse stößt, wird der Gedanke einer Serienproduktion verworfen.

Karmann Ghia Typ 34

Modellpflege

Karmann Ghia Typ 34

VW Karmann Ghia Cabrioletstudie

Es versteht sich von selbst, dass Karmann allein aus Imagegründen auch auf Basis des „großen" Karmann Ghia die eine oder andere Stylingstudie in petto haben musste. Viele solcher Stylingvorschläge gab es allerdings nicht – es blieb stets beim individuellen Einzelstück oder einer Kleinserie. Eigentlich schade, denn Besucher der Internationalen Automobil-Ausstellung in Frankfurt am Main 1961 hatten gehofft, dass das dort im Rampenlicht stehende weiße Cabriolet in Serie gehen würde. Prospekte für dieses VW 1500 Karmann Ghia Cabriolet genannte Modell gab es schon. Leider wurde die bereits angedachte Serienfertigung in letzter Minute ohne Angabe von Gründen gestoppt – angeblich soll es aber gut ein Dutzend Vorserienwagen gegeben haben. Das weiße Vollcabriolet wurde übrigens in Osnabrück unter der Regie von Johannes Beeskow – er leitete bei Karmann von 1956 bis 1976 die Technische Entwicklung – realisiert.

Studie Karmann Ghia 1600 TC

Ein paar Jahre später, 1965, diskutierte man bei Karmann die Machbarkeit einer anderen Studie. Sie nennt sich Karmann Ghia 1600 TC und basiert wie jeder Karmann Ghia auf solider Großserientechnik. Aber sie zeigt sich – und das war für ein Ghia-Modell neu – mit einer großen und überaus zweckmäßigen Heckklappe. Von der Optik her passte die Studie hervorragend in die Zeit. Sogenannte Fastback- oder Fließheckcoupés waren der neueste Hingucker, aber die meisten von ihnen waren alles andere als praktisch. Anders der 1600 TC: Er ist, was das Stauvolumen betrifft, ein wahres Raumwunder, denn sein im Heck platzierter Motor wird geschickt unter

Vom offenen Fahrgenuss der Cabriostudie konnten Coupébesitzer nur träumen. Als kleiner Trost war für das Typ 34 Coupé aber ab Juli 1962 gegen Aufpreis ein elektrisch zu betätigendes Stahlschiebedach lieferbar.

VW Karmann Ghia Cabrioletstudie

Karmann Ghia Typ 34

Besitzern einer VW 1500 Limousine war dieses Armaturenbrett bestens vertraut: Wäre das Karmann Ghia Cabrio (Typ 34) in Serie gegangen, hätte es in vielen Details vom Ersatzteillager der Typ 3 Limousine profitiert.

VW Karmann Ghia Cabrioletstudie

Volkswagen 1500 – dieses Kürzel steht für den luftgekühlten Vierzylinder-Boxermotor, der aus einem Hubraum von 1.493 ccm (Bohrung x Hub = 83 x 69 mm) bei 3.800 Umdrehungen 45 Pferdestärken an die Hinterachse bringt.

dem Kofferraumboden versteckt. Darüber hinaus lässt sich die Rücksitzbank des recht bequemen 2+2-Sitzers umklappen – das Resultat ist eine knapp 1,5 Meter lange und ebene Ladefläche ohne störende Radkästenausbuchtungen. Zusätzlichen Stauraum gibt es im Bug – also vorn, wo Unbedarfte eigentlich den Motor vermuten. Allerdings nutzen einen Teil dieses Raums schon das Reserverad und der Tankeinfüllstutzen des Kraftstoffbehälters. Motorisiert wird das elegante Coupé von einem 64 PS starken und 1,6 Liter großen Vierzylinder. Die Kraft, die per Dreigang-Halbautomatik an die Hinterachse gebracht wird, macht den Wagen etwa 140 km/h schnell – damit ist er gut 20 km/h flinker als der VW Käfer. Das Interieur aus schwarzen Kunstledersitzen wird zusätzlich mit Chrombeschlägen, einem elektrischen Schiebedach sowie hinteren Ausstellfenstern aufgewertet. In Bezug auf das Exterieur fügen sich die Doppelscheinwerfer, die verchromten Stoßstangen und die runden Heckleuchten harmonisch in die sportlich elegante Linienführung ein. Die Antwort, weshalb der 1600 TC nicht in Serie gefertigt wurde, kann sich jeder Volkswagen-Experte selbst geben: Hätte der Konzern einen plausiblen Grund gehabt, seinem vom Typ 3 abgeleiteten Fastbackmodell VW 1600 TL diesen hauseigenen Konkurrenten an die Seite zu stellen? Gewiss nicht: Der 1600 TC hätte ihm den Rang abgelaufen.

Der große Unbekannte der 1,6-Liter-Klasse: Der 1600 TC blieb ein interessantes Einzelstück, das mit einem luftgekühlten Vierzylinder-Boxermotor bestückt wurde: Hubraum 1.584 ccm; Bohrung x Hub = 85,5 x 69 mm; 64 PS bei 4.000 U/min.

Karmann Ghia Typ 34

Italienische Linienführung und bewährte kostengünstige Großserientechnik: Für potenzielle Kunden wäre das ein Kaufargument gewesen – doch Volkswagen entschied sich gegen das Projekt 1600 TC.

Studie Karmann Ghia 1600 TC

Doppelscheinwerfer unterstreichen die sportlich angehauchte Optik des 1600 TC. Damit wurde ein Detail aufgegriffen, das bereits bei den Prototypen des Karmann Ghia (Typ 14) zur Diskussion stand.

Karmann Ghia Typ 34

Ein Grund mehr, weshalb Volkswagen die Serienproduktion des Karmann Ghia 1600 TC zurückstellte, war die Existenz des abgebildeten Volkswagen 1600 TL. Diese bereits in Serie gegangene „Touren-Limousine" hätte mit dem 1600 TC zu stark konkurriert.

Die „dritte Tür": Eine großzügig ausgelegte und weit nach oben schwingende Heckklappe sorgte beim 1600 TC für Aufmerksamkeit – ein paar Jahre später definierte man damit eine völlig neue Fahrzeuggattung.

Technische Daten Typ 34

Baureihe	VW Typ 3		
Modell	1500 Karmann Ghia Coupé	1500 S Karmann Ghia Coupé	1600 Karmann Ghia Coupé
Bauzeit	1962–1963	1963–1965	1965–1969
Motor	Vier-Zylinder-Boxer, luftgekühlt	Vier-Zylinder-Boxer, luftgekühlt	Vier-Zylinder-Boxer, luftgekühlt
Hubraum	1493 ccm	1493 ccm	1584 ccm
Bohrung x Hub	83 x 69 mm	83 x 69 mm	85,5 x 69 mm
Leistung	45 PS/3800	54 PS/4200	54 PS/4000
Antrieb	Hinterräder	Hinterräder	Hinterräder
Vergaser	Solex 32 PHN Fallstrom mit Startautomatik	2 Solex 32 PDSIT Fallstrom mit Startautomatik	2 Solex 32 PDSIT Fallstrom mit Startautomatik
Fahrgestell	Zentralrohr-Rahmen mit angeschweißter Plattform und darauf verschraubter Karosserie	Zentralrohr-Rahmen mit angeschweißter Plattform und darauf verschraubter Karosserie	Zentralrohr-Rahmen mit angeschweißter Plattform und darauf verschraubter Karosserie
Bremsen	Trommel vorne und hinten	Trommel vorn und hinten	Scheiben vorne, Trommel hinten, Zweikreis
Höchstgeschwindigkeit	132 km/h	145 km/h	145 km/h
Leergewicht	900 kg	900 kg	910 kg
Reifen	6,00 x 15	6,00 x 15	6,00 x 15 oder 155 SR 15
Radstand	2400 mm	2400 mm	2400 mm
Länge x Breite x Höhe	4280 x 1620 x 1335 mm	4280 x 1620 x 1335 mm	4280 x 1620 x 1335 mm

Karmann Ghia do Brasil – exotische Außenseiter

In seiner Position als Global Player sorgte der VW Käfer nicht nur in Deutschland, sondern in mehr als hundert Ländern der Welt für Arbeitsplätze. Er lief unter anderem im brasilianischen São Paulo vom Band und dort, nicht weit vom 1953 gegründeten Volkswagenwerk entfernt, eröffneten die Osnabrücker Karmann-Werke 1960 unter dem Namen „Karmann Ghia do Brasil" ihre brasilianische Dependance.

Das in São Bernardo do Campo errichtete Karmann-Werk zählt zu den modernsten Industrieanlagen Lateinamerikas. Der deutschen Karmann-Ghia-Produktion entsprechend bezog man die technischen Komponenten von Volkswagen do Brasil, und unter deren Regie wurden die in São Bernardo do Campo montierten Ghias auch vertrieben und gewartet.

Auf den ersten Blick betrachtet unterscheidet sich der brasilianische Karmann Ghia nur unwesentlich vom deutsch-italienischen Original. Mit einem leicht modifizierten Interieur, veränderten Felgen, den Radkappen des VW 1200 und den Türgriffen des VW 1500 ausgestattet ging er hier eigene Wege – seinem unverkennbaren Äußeren tat das keinen Abbruch. Um ein paar Details konnten ihn europäische Besitzer sogar beneiden: Der flotte Brasilianer profitierte bereits 1970 von den vorderen praktischen Dreiecksfenstern, und als die in Deutschland gefertigten Modelle ein Jahr später mit extrem wuchtigen Stoßstangen (scherzhaft „Eisenbahnschienen" genannt) ausgestattet wurden, blieben die Lateinamerikaner weiterhin der formschönen Export-Stoßstange treu.

Um die schlechte Treibstoffqualität kompensieren zu können, mussten brasilianische Käufer allerdings eine Leistungseinbuße akzeptieren: So gab das 1.192 ccm große Vierzylinderaggregat bei einer Verdichtung von 6,6:1 statt der üblichen 34 Pferdestärken lediglich 30 PS ab. In der Ausführung als Karmann Ghia 1500 wirkte sich die Drosselung noch gravierender aus: Die ursprünglich auf 62 PS Leistungsabgabe ausgelegte Maschine brachte lediglich 44 Pferdestärken an die Hinterachse.

Die mit dem Schildchen „Fabricado do Brasil" ausgestatteten Karmann Ghia verkauften sich gut. Für Volkswagen und Karmann Grund genug, rechtzeitig über eine Programmergänzung oder ein Nachfolgemodell nachzudenken. Zwar existierte Mitte der 1960er-Jahre bereits ein interessanter Prototyp, aber der Gedanke, den klassischen Typ 14 demnächst als modernisiertes, gestrecktes Fastbackcoupé zu bauen, wurde schnell verworfen. Die Optik der Studie entsprach nicht mehr dem Zeitgeschmack. Man merkte ihrer Form vor allem an, dass die Linienführung in die Jahre gekommen war. Erst nach einer gründlichen Überarbeitung des Designs entstand jene moderne eigenständige Optik, die bei der Präsentation des neuen brasilianischen Karmann-Modells im Jahr 1970 für reichlich Gesprächsstoff sorgte.

Volkswagen Karmann Ghia TC 145

Sein Debüt feierte der neue Karmann Ghia 1970 auf der Autoshow von São Paulo. Eine Präsentation in Europa stand nicht zur Debatte, denn das zweisitzige Sportcoupé mit der Modellbezeichnung Karmann Ghia TC 145 blieb allein dem lateinamerikanischen Markt vorbehalten. Die Überraschung war dennoch gelungen: Kaum jemand vermutete, dass der TC 145 (TC steht für Touring Coupé) auf den Genen des Käfers basierte. Im Vergleich zu der in Deutschland gebauten Fastbackversion des VW 1600 TL (Typ 3) zeigte sich die brasilianische Linienführung deutlich frischer. Verantwortlich für das gelungene Styling war Giorgetto Giugiaro (Ital Design): Er hatte dem Erscheinungsbild des TC 145 den letzten Schliff gegeben.

VW Karmann Ghia TC 145

Auch in Brasilien wird der Karmann Ghia geschätzt. Als man die 1960 begonnene Produktion des klassischen Typ-14-Ablegers in San Bernardo do Campo 1971 einstellt, steht der abgebildete Nachfolger namens TC 145 bereits in den Startlöchern.

Der Unterbau des TC 145 entsprach exakt der Basis des VW Typ 14. Alle anderen technischen Komponenten kamen aus der Produktion von Volkswagen do Brasil. Sie waren größtenteils mit den gängigen Käfer-Komponenten identisch – bis auf das Antriebsaggregat. Im Heck des TC 145 gab anstelle der Käfer-Maschine der Motor des VW Typ 3 (VW 1500/1600) den Ton an. Diese Flachmotorkonstruktion mit Doppelvergaseranlage war moderner und gab bei einem Hubvolumen von 1.584 ccm eine Leistung von 54 PS ab. Um das Typ-3-Aggregat nebst Getriebe im TC 145 aufnehmen zu können, musste lediglich die Rahmenkonstruktion im Heckbereich ein wenig modifiziert werden. Traditionsgemäß wurde die Ganzstahlkarosserie mit dem Fahrzeugunterbau verschraubt: Sie bildete so eine verwindungsfeste Einheit aus den unter den Türen durchlaufenden Längsholmen und dem als Rahmentunnel ausgelegten Zentralrohr.

Aufgrund seiner Bauform (2+2-Sitzer) eignete sich der TC 145 nur bedingt als Allround-Fahrzeug oder als Familienwagen. Dafür überraschte er mit einem groß-

Seite 128: Der brasilianische Volkswagen Karmann Ghia TC 145 bleibt von 1970 bis zum Modelljahr 1976 in Produktion. Leider ist die exotische Alternative zum „großen" Karmann Ghia (Typ 34) offiziell nicht auf dem europäischen Markt zu haben.

Karman Ghia do Brasil – exotische Außenseiter

Die Silhouette täuscht. So schnell, wie der TC 145 aussah, war er nicht. Seine Höchstgeschwindigkeit lag bei etwa 143 km/h. Dafür konnten TC-Besitzer sicher sein, dank erprobter Großserientechnik ein zuverlässiges Fahrzeug zu besitzen.

zügig bemessenen Ladevolumen. Die Rückenlehne der Notsitzbank ließ sich mit wenigen Handgriffen umklappen und verdoppelte dadurch die Größe des Stauraums – der vordere Kofferraum bot zusätzliche Ablagemöglichkeiten. Die Verwendung von Noppenteppichen, Gummimatten, Stoffhimmel und Seitenverkleidungen aus Kunststoff nebst kunstlederüberzogenen Sitzen prägte die Wertigkeit des Interieurs: Es entsprach zurückhaltender, funktioneller Eleganz.

Bis 1975 blieb der brasilianische Schönling im Programm. In dieser Zeit fand das 143 km/h schnelle Coupé genau 18.119 Käufer. Dass der Wagen auf dem europäischen Markt nicht vertreten war, hatte einen simplen Grund: Er wäre einerseits ein Konkurrent zu dem bis 1974 gebauten Karmann Ghia Coupé gewesen, andererseits hätte er die Existenz des VW 1600 Fastbackcoupés (Typ 3) infrage stellen können.

Tacho, Benzin- und Zeituhr wurden dem Konzernbaukasten entnommen. Das komplett mit hochwertigem schwarzen PVC überzogene Armaturenbrett ist weich gepolstert und pflegeleicht.

Die großzügig dimensionierte Heckklappe gibt den Zugang zum Motor und zum zweiten Kofferraumabteil frei. Mehr als Dekoration: Jeweils acht Luftschlitze im C-Säulen-Bereich sorgen im Motorraum für akzeptables Klima.

Volkswagen SP II

Zu der Vielfalt formschöner und außergewöhnlicher VW-Modelle zählt auch der Volkswagen SP II. Ein Prototyp dieses brasilianischen Sportcoupés wurde bereits 1971 anlässlich der „Deutschen Industriemesse" im Parque Ibiraquera in São Paulo präsentiert – ein Jahr später, im Sommer 1972, lief die Produktion des schicken Zweisitzers an.

Seite 132: Wulstige Kotflügel vorn und ein gelungenes Fastback machen den TC 145 zu einer angenehmen Erscheinung. In der Linienführung lassen sich Stilelemente des im Prototypenstadium steckengebliebenen Karman Ghia 1600 TC erkennen.

Der Wagen, der nach bewährtem Muster bei Volkswagen do Brasil konstruiert und bei Karmann do Brasil gebaut wurde, entstand übrigens in der Zeit, als Rudolf Leiding das Ruder der brasilianischen VW-Tochter führte: Leiding war von 1968 bis Anfang 1970 Vorstandspräsident von VW do Brasil und von 1971 bis 1974 Vorstandsvorsitzender bei VW in Deutschland.

Das erste Gipsmodell im verkleinerten Maßstab – hausintern „Coupé X" genannt – diente Leidings Konstruk-

Der VW SP 2 zählt zu den letzten luftgekühlten Baumustern des Konzerns. Man war sich einig, dass zukünftige Modellreihen (beginnend mit Scirocco und Golf) von den Vorteilen wassergekühlter Aggregate (Laufruhe) profitieren sollten.

teursteam nur kurze Zeit als Anschauungsobjekt: Der Bau des Wagens nach diesem Muster war eine schnell beschlossene Sache. Produziert werden sollte der 2+2-Sitzer natürlich bei Karmann, und wie bereits beim Bau des Modells TC 145 praktiziert musste Karmann auch die Presswerkzeuge und sämtliche Fertigungsvorrichtungen bauen. Um die Herstellungskosten in einem vertretbaren Rahmen zu halten, griffen die am Projekt Beteiligten auf bereits vorhandene Baukomponenten aktueller Volkswagen- und Karmann-Ghia-Modelle zurück. Der Unterbau des neuen Coupés wurde der VW-Typ-3-Produktion ent-

nommen, denn bei dieser Konstruktion handelte es sich um nichts anderes als einen Plattformrahmen nach Käfer-Art. Auch die Vorder- und Hinterachse sowie das Antriebsaggregat wurden zunächst vom Typ 3 übernommen.

Leider erwiesen sich die Wagen, die in dieser Konfiguration ab 1972 vom Band liefen, als zu

Seite 136: Zu Beginn seiner Karriere wurde der SP 2 mit dem 54 PS starken Flachmotor des Typ 3 bestückt. Erst die Umstellung auf das 65 PS starke, gedrosselte Aggregat des VW 411/412 machte aus dem SP 2 ein angemessen agiles Fahrzeug.

schwachbrüstig. Mit 54 Pferdestärken war der knapp 900 Kilogramm schwere VW SP II untermotorisiert. Im Rahmen der unvermeidbar vorzeitigen Modellpflege favorisierte man als Gegenmaßnahme den Einbau eines leistungsstärkeren Motors. Das einzige Aggregat, das aus bautechnischen Gründen infrage kam, war der Vierzylinder des VW Typ 4 (Modelle 411/412). Dieser 1,7 Liter große luftgekühlte Boxermotor mobilisierte 65 PS und sorgte im Volkswagen SP II für gut 160 km/h Höchstgeschwindigkeit.

Wie viele der insgesamt 11.123 gebauten SP II mit dem kleinen Aggregat ausgestattet worden sind, lässt sich nicht mehr nachvollziehen. Fest steht nur, dass die 54-PS-Version von 1972 bis 1974 vom Band lief. Die ersten mit dem 65-PS-Aggregat bestückten Wagen verließen ebenfalls 1972 die Werkshallen – 1976 wurde die Produktion eingestellt.

Optisch unterscheiden sich die Ausführungen nicht: Seitliche Rammschutzleisten an den Karosserieflanken, Gürtelreifen und Sportfelgen gehörten bei allen Versionen zur Serienausstattung. Der im Vergleich zum Karmann Ghia TC 145 etwa 2.500 DM teurere SP II war für umgerechnet 15.000 DM zu haben – eine durchaus faire Okkasion. Der SP II verfügte über mehr Power sowie ein modernes Interieur mit kunstlederbezogenen Sportsitzen und einem Dreispeichen-Lederlenkrad. Ein Drehzahlmesser, ein Ölthermometer und ein Radio mit drei Wellenbereichen rundeten das serienmäßige Aus-

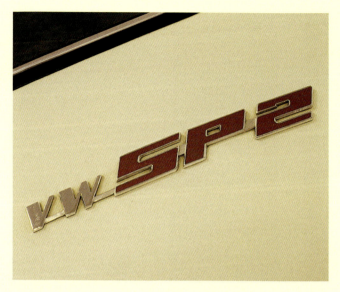

Der SP 2 ist aus doppelter Sicht ein Außenseiter: Er war – zumindest offiziell – auf dem europäischen Markt nicht zu haben, andererseits endet mit ihm die Ära der Sonderkarosserien, die Karmann auf Basis der luftgekühlten Volkswagenmodelle entwickelte.

stattungspaket ab. Wie bei allen Karmann-Ghia-Modellen verbarg sich auch unter der Vorderhaube des SP II ein Kofferraum – wer mehr Stauvolumen benötigte, klappte einfach die Lehne der hinteren Notsitzbank um.

Einen Haken hatte der SP II allerdings: Das flotte Coupé mit seiner breiten langgezogenen Frontpartie war ausschließlich für den lateinamerikanischen Markt bestimmt. Bei den wenigen Exemplaren, die dennoch nach Europa gelangten, handelte es sich meist um Mitbringsel ehemaliger deutscher Mitarbeiter von Volkswagen oder Karmann Ghia do Brasil.

Seite 138: Das Design des brasilianischen Volkswagens SP 2 zeigt sich eigenständig und konzernverwandt zugleich: Die Form seiner Doppelscheinwerfer orientiert sich unverkennbar an der des VW Typ 412.

Seite 142: Daran kann man sich gewöhnen: Der gut bestückte Instrumententräger sowie das kleine Leder-Dreispeichenlenkrad lassen im SP 2 Sportwagen-Feeling aufkommen – allerdings läuft der SP 2 nur 160 km/h Spitze.

Die Seitenlinie des exotischen Fastbackcoupés wird durch ein breites farblich hinterlegtes Band nebst drei Chromzierleisten dezent betont. Eine zusätzlich in Schwarz gehaltene Pufferleiste darf ebenso wenig fehlen wie das Karmann-Logo.